W0047838

DAS WAR DOCH MEINE
LIEBLINGSJEANS!

LAURA SINIKKA WILHELM

Haupt
GESTALTEN

DAS WAR DOCH MEINE

LIEBLINGSJEANS!

Sachen für Kids aus gebrauchten Materialien

LAURA SINIKKA WILHELM
MIT FOTOS VON MARJO KOIVUMÄKI

HAUPT VERLAG

Die grauen Markierungen im Inhaltsverzeichnis kennzeichnen die KIDS (KANN ICH DOCH SELBST)-Projekte, welche von den Kindern allein oder mit nur wenig Hilfe umgesetzt werden können.

Inhalt

LIEBE LESERIN, LIEBER LESER,

NEULICH HABEN UNSERE KINDER AUF DEM DACHBODEN EIN „UNGETÜM" AUS DEN 80ER-JAHREN ENTDECKT:

„MAMA, WAS IST DAS DENN?"
„DAS WAR MEINE LIEBLINGSJACKE. DIE HABE ICH MIR SELBST GENÄHT, ALS ICH 14 JAHRE ALT WAR."
„AHA. DIE SIEHT ABER KOMISCH AUS."
„DAMALS WAR SIE ETWAS GANZ BESONDERES."

ETWAS BESONDERES. DAS WAR EIN TOLLES GEFÜHL. GEFRAGT ZU WERDEN, WO ICH DENN DIESE COOLE JACKE GEKAUFT HÄTTE UND DANN SAGEN ZU KÖNNEN: „DIE HABE ICH SELBST GEMACHT – AUS MEINEN ALTEN LIEBLINGSJEANS"

ETWAS BESONDERES SELBER MACHEN – DARUM GEHT ES AUCH IN DIESEM BUCH. ES MACHT SO VIEL SPASS, AUS GEBRAUCHTEN MATERIALIEN NEUE, INDIVIDUELLE SACHEN FÜR KINDER ZU NÄHEN, ZU BASTELN, ZU WERKELN … . GANZ BESONDERS HAT MICH GEFREUT, DASS MEINE ARBEIT AN DIESEM BUCH VIELE KINDER DAZU ANGEREGT HAT, GANZ EIGENE PRODUKTE ZU ENTWICKELN! EIN PAAR DAVON TAUCHEN AUCH AUF DEN FOLGENDEN SEITEN AUF.

RECYCLING IST IMMER SEHR INDIVIDUELL. MEINE IDEEN SOLLEN EINE ART „GRUNDREZEPT" SEIN – MIT VIEL RAUM FÜR IHR EIGENES KÖNNEN UND IHRE GANZ PERSÖNLICHE KREATIVITÄT. PROBIEREN SIE AUS, ENT-WICKELN SIE WEITER, „WÜRZEN" SIE NACH EIGENEM GESCHMACK! NEHMEN SIE SICH DIE WERTVOLLE ZEIT, IHREN KINDERN DIE GRUNDLAGEN DES NÄHENS UND HANDWERKENS BEIZUBRINGEN, LASSEN SIE SIE SELBST AUSPROBIEREN …

VIEL FREUDE DABEI WÜNSCHT

Laura Wilhelm

NACH DEM AUFRÄUMEN IST VOR DEM AUFRÄUMEN – WO KINDER LEBEN UND SPIELEN, LIEGT EIGENTLICH IMMER ETWAS HERUM – DAS IST ZUMINDEST BEI UNS ZU HAUSE SO! DAHER HABEN WIR EIN KINDERFREUND-LICHES ORDNUNGSSYSTEM ENTWICKELT, DAS SICH SEHR GUT BEWÄHRT HAT: JEDES FAMILIENMITGLIED BESITZT SEINEN EIGENEN ORDNUNGSKORB (WIR NENNEN SIE „KURSWAGEN"), IN DEM TAGSÜBER ALLES GESAMMELT WIRD, WAS HERUMLIEGT. ABENDS NIMMT JEDER KURS AUF SEIN ZIMMER UND RÄUMT SEINE SACHEN DAHIN ZURÜCK, WO SIE HINGEHÖREN.

SO EINFACH SPART MAN ZEIT UND NERVEN UND HAT WIEDER VIELE ABGETRAGENE ODER ZU KLEIN GEWOR-DENE JEANS SINNVOLL WIEDERVERWERTET !

Größe

Sie ist variabel, kann ganz individuell festgelegt werden und hängt natürlich auch von der Jeans ab, die zur Verfügung steht. Der mittelgroße Korb auf der zweiten Treppenstufe mit den rot-weißen Henkeln hat einen Durchmesser von 22 cm und eine Höhe von 25 cm.

Zuschnitt

Für einen Korb benötigt man zwei schnittgleiche kreisrunde Bodenstücke und zwei Seitenteile. Da jede Jeans anders ist, sollte man vor dem Ansetzen der Schere gut überlegen, ob der Stoff für die festgelegte Größe ausreicht. Am besten ist es, einfach zwei Jeans zur Verfügung zu haben, dann kann nichts schief gehen.

Material

• 1–2 abgetragene Jeans
  60 cm Webband für die Henkel (ca. 2,5—3,5 cm
  breit) — hier kann z.B. ein alter Stoffgürtel
  wiederverwertet werden.
• farblich passendes Nähgarn

Nahtzugaben

Beim Zuschnitt rundum 1 cm Nahtzugabe dazugeben.

Nähanleitung

1. Gesäßtaschen von der Jeans abtrennen. Größe des Bodens festlegen und möglichst weit oben auf dem linken und rechten Gesäßstück der Jeans anzeichnen. Beide Bodenteile mit 1 cm Nahtzugabe ausschneiden.

2. Beide Hosenbeine entlang der einfachen Naht aufschneiden, bügeln und glatt auf den Tisch legen.

3. Der Umfang des Bodenstücks (mit dem Maßband entlang der aufgezeichneten Kontur messen) ergibt die Breite der beiden Seitenteile. Die Höhe der Seitenteile festlegen. Seitenteile auf den Hosenbeinen aufzeichnen und rundum mit 1 cm Nahtzugabe ausschneiden. (Eventuell muss hier gestückelt werden, wenn die Breite der Hosenbeine nicht ausreicht.)

4. Ein oder zwei abgetrennte Gesäßtaschen auf das äußere Seitenteil heften und feststeppen.

5. Die Seitennähte des äußeren Seitenteils rechts auf rechts heften und zusammensteppen. Nahtzugaben auseinanderbügeln. Seitenteil rechts auf rechts an den Boden heften und feststeppen. Das gelingt am besten, wenn der Kreis mit der linken Seite nach unten glatt auf dem Nähmaschinentisch liegt und das Seitenteil darüber. So können Sie am besten sicherstellen, dass die Teile beim Steppen glatt zusammenkommen. Nahtzugaben auseinanderbügeln. Stoffstück auf rechts wenden.

6. Die Seitennähte des Innenteils rechts auf rechts heften und zusammensteppen. Dabei eine ca. 8 cm lange Wendeöffnung 5 cm oberhalb der Bodenunterkante lassen. Boden ansteppen, dabei genauso verfahren wie beim Außenteil.

7. Korbteile rechts auf rechts ineinander ziehen. Obere Kante rundum zusammensteppen. Stoffkorb durch Wendeöffnung auf rechts wenden und links auf links ineinander ziehen. Den oberen Rand 0,7 cm von der Kante steppen. Wendeöffnung von Hand oder knappkantig mit der Maschine schließen.

8. Webband in zwei 30 cm lange Stücke teilen und am inneren Rand des Korbes feststeppen (siehe Zeichnung).

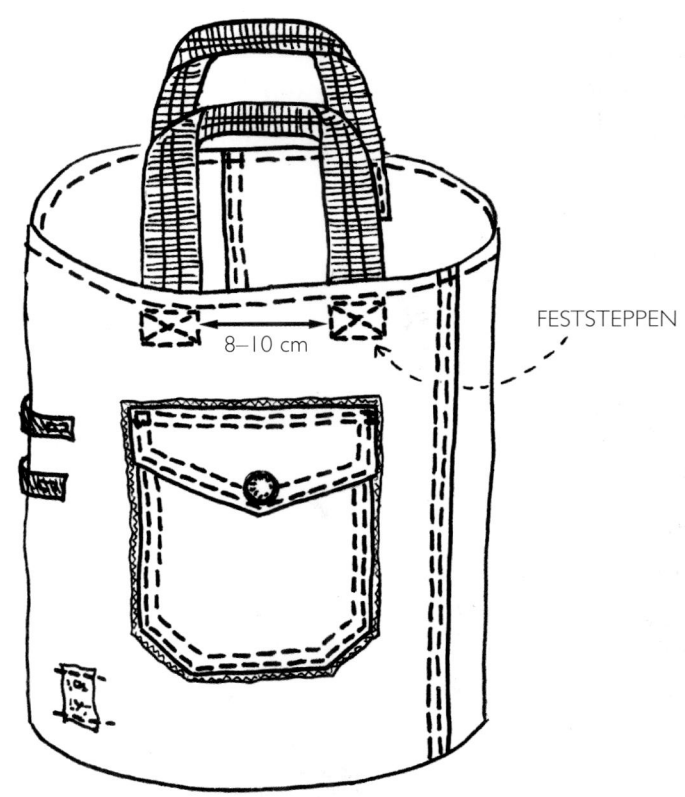

FESTSTEPPEN

8–10 cm

Tipp

Für den Bodenkreis einfach eine Schüssel suchen, die in der Größe passt, dann die Kontur mit Schneiderkreide oder Markierstift anzeichnen.

AUF EINEM KINDERSCHREIBTISCH HERRSCHT MEIST EINE KREATIVE UNORDNUNG UND DAS DARF JA AUCH SO SEIN! MANCHMAL WIRD ES ABER DOCH ZEIT, MAL WIEDER ORDNUNG ZU SCHAFFEN – SPÄTESTENS DANN, WENN SICH DAS GANZE CHAOS AUF DEN BODEN ERGIESST…! DIE SCHÖNEN DOSEN IM JEANS-LOOK BIETEN PLATZ FÜR STIFTE, PINSEL, SCHERE UND VIELE, VIELE ANDERE KLEINE DINGE.

Material

- ausgewaschene Blechdosen mit abgerundetem Rand
  (z.B. von Espresso)
- Jeanshosenbeine oder Jeansstoffreste
- flüssiger Klebstoff

Tipp

Für dieses Projekt eignen sich schräg geschnittene Stoffstreifen am besten, da sie sich ein bisschen dehnen und dadurch faltenfrei um runde Formen legen lassen. Außerdem fransen sie an den Kanten gleichmäßiger aus. Schneiden Sie daher die Streifen schräg (im 45°-Winkel) zur Webrichtung des Stoffes zu.

Anleitung

1. Das Hosenbein spiralförmig in ca. 1–1,5 cm breite Streifen schneiden. Dabei die Nähte oder Knöpfe nicht aussparen, sie kommen später besonders gut zur Geltung.

2. Die Stoffstreifen auf der Rückseite mit Klebstoff bestreichen und von unten nach oben leicht überlappend um die Dose wickeln. Den Stoff gut andrücken. Neue Stoffstreifen werden einfach direkt angesetzt, so dass sich die Anfangs- und Endstücke nicht überlappen — das würde zu dick.

3. Das Ende des Streifens schräg schneiden und festkleben.

Hosentaschenheim fürs Handy

DIE ZEITEN, IN DENEN MAN HÖCHSTENS MIT EINER TELEFONSTRIPPE ZU KÄMPFEN HATTE, SIND LÄNGST VORBEI. WOHIN ABER NUN MIT DEN HANDYS SAMT KABELSALAT, DIE GERADE AUFGELADEN WERDEN?

ZUM BEISPIEL IN DIESE PRAKTISCHE AUFLADESTATION – SIE WIRD EINFACH AM NETZADAPTER IN DIE STECKDOSE GEHÄNGT. SO IST DAS MOBILTELEFON IMMER GUT AUFGERÄUMT UND SCHNELL ZUR HAND, WENN MAN ES BRAUCHT. EINE JEANS LIEFERT DAS MATERIAL FÜR VIER LADESTATIONEN, WARUM ALSO NICHT GLEICH DIE GANZE FAMILIE ODER DIE FREUNDE MIT DIESER IDEE BEGLÜCKEN?

Material
- alte Jeans mit aufgesetzten Hosentaschen
- Stoffrest für Applikation
- kleines Stück feste Silberfolie
  (z.B. von Kaffee- oder Schokoladenverpackung)
- feste Vlieseinlage (kleines Stück)
- beidseitig aufbügelbare Vlieseinlage
- Zackenschere
- Cutter, Teppichmesser oder gute Schere
- wasserlöslicher Klebestift
- farblich passendes Nähgarn
- für die Applikationen dickeres Zier- oder
  Nähgarn in einer Kontrastfarbe

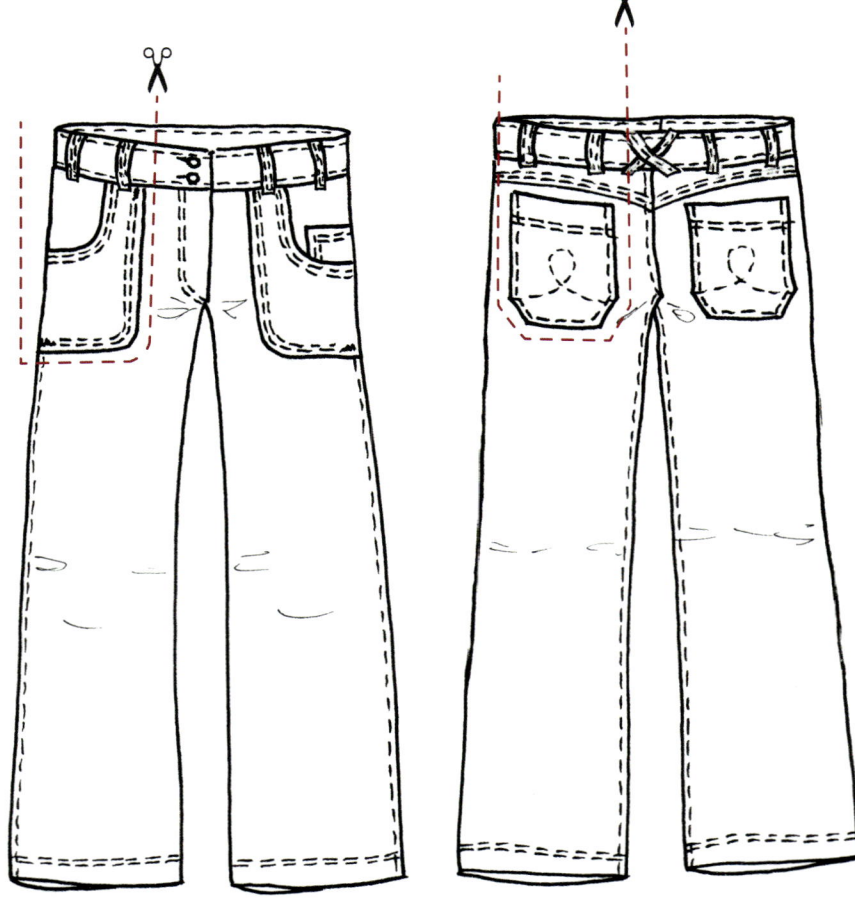

Zeichnung a

Nähanleitung

1. Hosentasche mitsamt Hosenbund so aus der Jeans herausschneiden, dass um die Tasche ein 1,5 cm breiter Rand stehen bleibt (Zeichnung a).

2. Feste Vlieseinlage in der Größe des noch bestehenden Hosenbundes zuschneiden und auf die linke Seite aufbügeln.

3. Für die Applikation wird die Tasche ein Stück weit vom darunter liegenden Untergrund abgetrennt, so dass man bequem applizieren kann. Sie wird in einem späteren Arbeitsschritt wieder festgesteppt.

4. Beidseitig aufbügelbare Vlieseinlage linksseitig auf den Applikationsstoff aufbügeln. Das Handy-Motiv (Zeichnung b) auf das Stoffstück übertragen (mit Markierstift direkt auf den Stoff oder spiegelverkehrt mit Bleistift auf das Papier der Vlieseinlage). Motiv ausschneiden, Papier entfernen und auf die Tasche aufbügeln. Silberfolie mittig mit wasserlöslichem Klebstoff auf dem Motiv fixieren. Motiv und Folie mit dem dickeren Ziergarn feststeppen.

5. Höhe und Breite des Handysteckers messen und zu diesen Maßen je 0,5 cm hinzugeben.

6. Aus dem Applikationsstoff (linksseitig Vlieseinlage aufbügeln) ein ca. 4 x 7 cm großes Rechteck ausschneiden und von rechts in der Mitte des Hosenbundes aufbügeln. Mittig auf dieses Rechteck den ermittelten Ausschnitt für den Stecker aufzeichnen.

7. Die Ränder der Aufladestation auf links umbügeln.

8. Aus einem anderen Stück der Jeans ein passgenaues Gegenstück für die Rückseite der Aufladestation zuschneiden. Dazu die ausgeschnittene Tasche rechts auf rechts auf den Jeansstoff legen, Konturen anzeichnen und grob etwas größer ausschneiden. Vlieseinlage ganzflächig auf die Rückseite des Stoffstücks aufbügeln. Das Gegenstück mit der Zackenschere (oder mit einer normalen Schere) rundum 0,5 cm kleiner als die aufgezeichnete Kontur zuschneiden.

9. Das Gegenstück auf die linke Seite der Aufladestation aufbügeln und rundum von rechts so feststeppen, dass es mitgefasst wird und gleichzeitig die Naht der abgetrennten Tasche wieder geschlossen wird.

10. Den Ausschnitt für den Stecker aus dem Bund ausschneiden (am besten geht das mit einem Cutter oder einem Teppichmesser). Öffnung und Ränder des Stoffrechtecks knappkantig mit dem dickeren Ziergarn umsteppen.

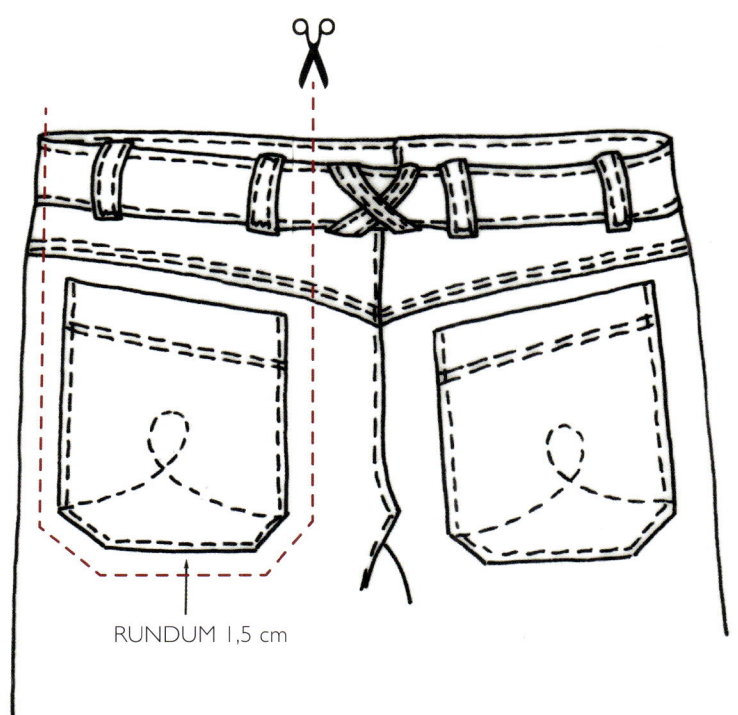

RUNDUM 1,5 cm

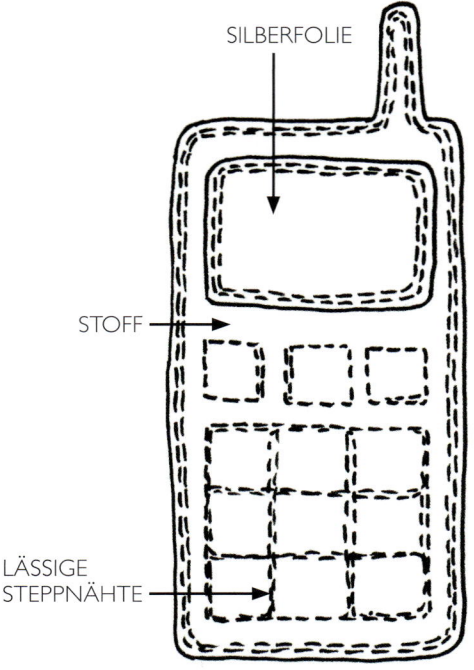

SILBERFOLIE

STOFF

LÄSSIGE STEPPNÄHTE

Zeichnung b

ALS ICH BEGONNEN HABE, PROJEKTE FÜR DIESES BUCH ZUSAMMENZUSTELLEN, HATTE ICH SCHON EINIGES GESAMMELT, AUFGESCHRIEBEN ODER UMGESETZT. MANCHE EINFÄLLE (UND OFT SIND DAS DIE BESTEN !) ENTSTEHEN ABER EINFACH AUS DEM ARBEITEN HERAUS – MAN BEGINNT MIT EINER IDEE UND HAT AM ENDE EIN GANZ ANDERES ERGEBNIS.

SO GING ES MIR MIT DIESEM SCHLÜSSELDEPOT AUS HOSENBÜNDEN, DIE MAN ABKNÖPFT, WENN MAN AUS DEM HAUS GEHT UND DIE NICHT VERLOREN GEHEN KÖNNEN, WENN MAN SIE BEIM ZURÜCKKOMMEN WIEDER ANKNÖPFT.

Material für ein Schlüsselband

- Hosenbund einer Jeans
- Stoffrest für Applikation
- beidseitig aufbügelbare Vlieseinlage
- farblich passendes Nähgarn
- dickeres Zier- oder Nähgarn
- großer Schlüsselring
- Holzleiste (hier 3 cm breit und 0,5 cm dick)

Nähanleitung

1. Den Hosenbund ganz knapp unterhalb der Kante von der Jeans abschneiden. Das „Schlüsselstück" mit dem Knopfloch sollte ca. 25 cm, das „Aufhängestück" ca. 20 cm lang sein. Die Gürtelschlaufen, sofern sie breiter sind als der Bund, ebenfalls an der unteren Kante mit abschneiden.

2. Die offene Kante des Aufhängestücks 4 cm auf links umklappen und feststeppen. Die offene Kante des Schlüsselstücks 2 cm auf links umklappen und feststeppen. Die Bundschlaufen, falls erforderlich, wieder an den Hosenbund steppen.

3. Vlieseinlage linksseitig auf den Applikationsstoff aufbügeln. Ein kleines Rechteck aus dem Stoffstück ausschneiden, das Papier von der Vlieseinlage entfernen und auf das Schlüsselband aufbügeln.

4. Das Rechteck mit farblich passendem Garn feststeppen und den Schlüsselring einziehen.

5. Schlüsselbänder auf die Holzleiste schieben und die Leiste an die Wand schrauben.

Ans Ruder ...

... MIT DEN KLAMOTTEN

ALS PASSIONIERTER SEGLER UND SEEFAHRER BESASS MEIN FINNISCHER GROSSVATER VIELE VERSCHIEDENE BOOTE. WIR KINDER LIEBTEN BESONDERS EINE KLITZEKLEINE WEISSE JOLLE, DIE WIR WEGEN IHRES AUSSEHENS „EIERSCHALE" GETAUFT HATTEN. ALS WIR FÜNF JAHRE ALT WAREN, HAT UNSERE MUTTER MEINER ZWILLINGSSCHWESTER UND MIR DAMIT DAS RUDERN BEIGEBRACHT. DAS ERÖFFNETE UNS GANZ NEUE FREIHEITEN UND SPIELWELTEN, DA WIR NUN AUCH OHNE ERWACHSENE BEGLEITUNG AUSFLÜGE ZU DEN NAHE GELEGENEN INSELN UNTERNEHMEN DURFTEN !

VIELE JAHRE SPÄTER HABEN WIR DIE RUDER DER „EIERSCHALE" GEERBT, EINE WUNDERSCHÖNE ERINNERUNG AN UNSERE UNBESCHWERTEN „ABENTEUER AUF SEE". ICH HABE MEIN RUDER AN ZWEI SEILEN IM KINDERZIMMER AUFGEHÄNGT, WO ES ALS GESTALTUNGSELEMENT UND GARDEROBE VON MEINEN KINDERN SEHR GELIEBT WIRD !

KIDS-Projekt

Platz für die Stifte

MANCHE DINGE SIND SO BEWÄHRT, DASS ES SICH IMMER WIEDER LOHNT, SIE NEU AUFLEBEN ZU LASSEN! DIESER EINFACHE STIFTEHALTER GEHÖRT FÜR MICH DAZU. ZUSAMMEN MIT MEINEM VATER HABE ICH VOR VIELEN JAHREN EINEN KLEINEN STIFTEHALTER AUS EINEM HERRLICH DUFTENDEN STÜCK WACHOLDERHOLZ GEWERKELT. DIE VIER LÖCHER WAREN EIN WENIG SCHRÄG, ABER DIE OBERFLÄCHE HATTE ICH SO GLATT GESCHLIFFEN, DASS SIE SICH SEIDENWEICH ANFÜHLTE. ICH KANN MICH NOCH GUT ERINNERN, WIE STOLZ ICH AUF DAS ERGEBNIS MEINER ERSTEN BOHRVERSUCHE WAR.

Material

- kleiner Holzblock (silbergrau verwittert)
  oder Astabschnitt
- Filzrest
- Bleistift
- Schleifpapier
- Klebstoff
- Holzbohrer, ø ca. 10—12 mm
  (je nach Dicke der Stifte)
- Bohrmaschine oder Handbohrer

Tipp

Der abgebildete Holzblock wirkt besonders edel, weil
er als „Baustellenfundstück" schon eine silbergraue
Patina bekommen hatte. Fundholz kann man so vielfäl-
tig und kreativ wiederverwerten! Darum lege ich immer
ein paar Holzstücke jeder Art und Form draußen an
einen sonnigen Platz, damit Wind und Wetter sie aus-
bleichen. So habe ich immer schöne Hölzer in Treibholzoptik zur Hand. Das echte Verwittern braucht aber
seine Zeit! Wenn's mal schneller gehen muss, säge
und feile ich ein Holzstück zurecht und streiche es
unregelmäßig mit hellgrauer Lasur, die ich an den
Kanten zum Teil wieder mit Schleifpapier aufhelle.

Anleitung

1. Die Anzahl der Löcher festlegen und die Loch-
mittelpunkte mit Bleistift auf dem Holz einzeichnen.

2. Löcher vorsichtig bohren, dabei darauf achten,
dass sie nicht zu tief werden. Sie sollten ca. 1 cm
vor dem Boden enden.

3. Je nach Beschaffenheit des Holzblockes können die
Oberfläche und die Ränder der Löcher mit Schleifpapier
glatt geschliffen werden.

4. Ein auf der Unterseite flächig aufgeklebtes Stück
Filz verhindert später unschöne Kratzer auf dem
Schreibtisch.

KIDS-Projekt

Gesammelte Werke

WOHIN MIT ALL DEN GEMALTEN BILDERN, ZEICHNUNGEN UND ZETTELCHEN UNSERER KINDER, UND WOHIN MIT IHREN LUSTIGEN SÄTZEN, DIE NICHT VERLOREN GEHEN SOLLEN? FRAGEN SIE SICH DAS NICHT AUCH MANCHMAL? MEINE KINDER LIEBEN IHRE „KINDERKUNSTBÜCHER", IN DIE WIR IHRE BESTEN WERKE EINKLEBEN, MANCHMAL AUCH EIN BESONDERS SCHÖNES FOTO AUS EINER ZEITSCHRIFT, EINE EINTRITTS-KARTE, EINEN ZEITUNGSARTIKEL … UND DIE HERRLICHEN SPRÜCHE UND WORTE, DIE NUR AUS EINEM KIN-DERMUND KOMMEN KÖNNEN. VIELE SACHEN HABE ICH GANZ IN EILE NOTIERT ODER DURCHEINANDER EINGEKLEBT – TROTZDEM IST SO EIN GESAMMELTES WERK EIN RICHTIGER SCHATZ UND EINE TOLLE IDEE, DIE ICH NUR WEITEREMPFEHLEN KANN.

Material

• Spiralgebundenes Buch mit weißen Seiten

Tipp

Wenn Sie die Buchdeckel von außen mit Jeansstoff beziehen, erhalten Sie einen sehr robusten Einband, der (fast) alles mitmacht und dabei noch sehr ansprechend aussieht! Eine genauere Anleitung finden Sie auf Seite 72.

KIDS-Projekt

Galerie der Fundstücke

EINE NETTE IDEE: KINDERKUNSTWERKE ODER FOTOS WERDEN IN OBJEKT-RAHMEN MIT SAMMELOBJEKTEN KOMBINIERT. SIE BIETEN VIEL PLATZ ZWISCHEN GLAS UND RÜCKWAND, UM BESONDERS SCHÖNE FUND-STÜCKE ZU PRÄSENTIEREN.

MAN KANN DIE OBJEKTE NACH LUST UND LAUNE IMMER WIEDER NEU ZUSAMMENSTELLEN.

BRIEFE, POSTKARTEN, FOTOS, BRIEFMARKEN, KLEINE ZEICHNUNGEN: IN DIESER SELBST GEMACHTEN MAPPE KANN MAN ALLE WICHTIGEN SACHEN PRIMA SAMMELN UND AUFBEWAHREN.

Größe

19,5 x 27 cm

(Inhalt fasst Karten bis zum Format DIN A5)

Material

- 10 Briefumschläge im Format B 4 (ca. 25 x 35 cm)
- kräftiger Pappkarton, 3 mm dick (Bastel- oder Künstlerbedarf), 2 Stücke à 19,5 x 27 cm
- Cutter oder Teppichmesser
- großes Geodreieck oder Lineal
- 170 cm Webband, 1 cm breit, in zwei gleich lange Stücke teilen
- Alleskleber

Anleitung

1. Laschen der Briefumschläge zukleben. Die genaue (!) Mitte der Längsseite der Umschläge mit Bleistift anzeichnen und die Umschläge mit Hilfe von Geodreieck und Cutter in zwei gleich große Stücke schneiden.

2. Umschläge zusammenkleben (Zeichnung a).

3. Die Außenseiten der Pappdeckel individuell gestalten (siehe Gestaltungsideen für den Deckel). Den Klebstoff gut trocknen lassen.

4. In die Pappdeckel mit dem Cutter Schlitze einschneiden (Zeichnung b) und die Bänder einziehen.

5. Die Innenseiten der Deckel satt mit Klebstoff bestreichen. Dabei die Lauflinien der Bänder großzügig aussparen, so dass sie nicht versehentlich mit festgeklebt werden. Den Deckel oben und unten mittig auf die zusammengeklebten Umschläge kleben.

Gestaltungsideen für den Deckel

Deckel mit Namenszug versehen, mit einer Fotocollage bekleben oder einfach mit Jeansstoff oder einem gemusterten Stoff beziehen. Ganz besonders schön wirkt die Mappe, wenn man den Bezugsstoff zuvor mit einer Applikation verschönert hat.

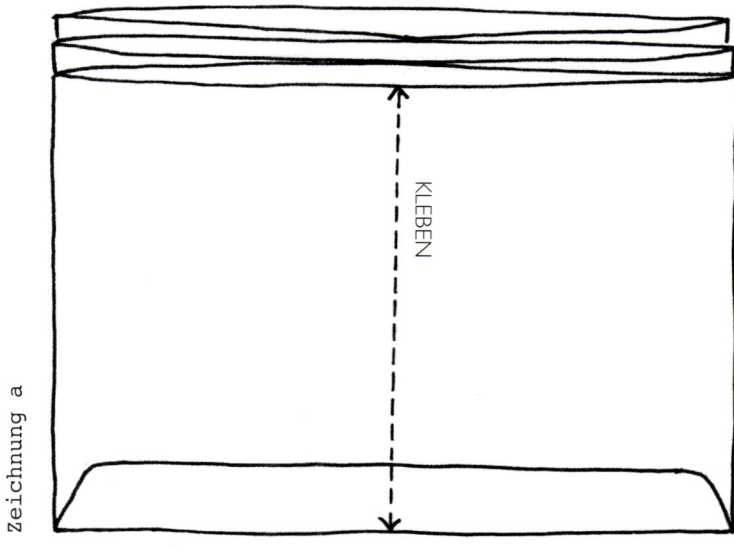

Zeichnung a

KLEBEN

UMSCHLAG FÜR UMSCHLAG IN DER MITTE ZUSAMMENKLEBEN

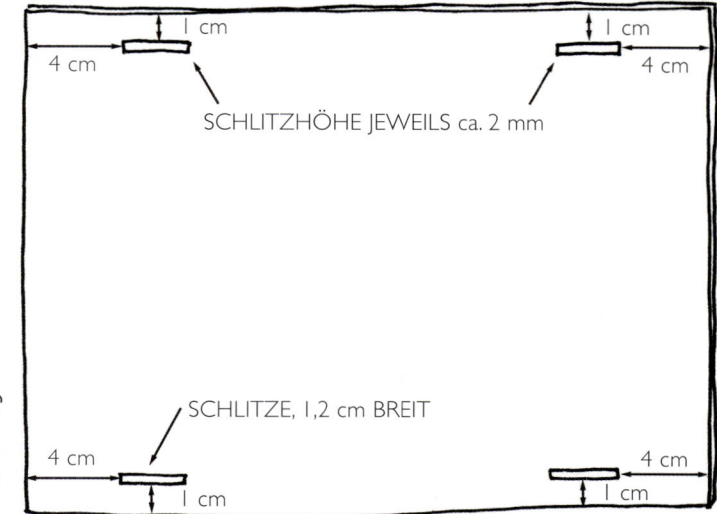

Zeichnung b

1 cm
4 cm
1 cm
4 cm

SCHLITZHÖHE JEWEILS ca. 2 mm

SCHLITZE, 1,2 cm BREIT

4 cm
1 cm
4 cm
1 cm

EIN SCHÖNER BLICKFANG IM FLUR UND EIN NÜTZLICHER ORDNUNGSHELFER IST DIESES UTENSILO, FÜR DAS ICH EINEN AUSGEDIENTEN JEANSROCK UND EINIGE DER JEANSTASCHEN WIEDERVERWERTET HABE, DIE ICH VON ALTEN JEANS ABGETRENNT UND GESAMMELT HATTE. SELBST WENN EINE JEANS SONST NUR NOCH AUS LÖCHERN BESTEHEN SOLLTE, SIND DIE GESÄSSTASCHEN MEISTENS DOCH NOCH GANZ IN ORDNUNG UND SOLLTEN ABGETRENNT UND FÜR SPÄTERE ZWECKE AUFBEWAHRT WERDEN.

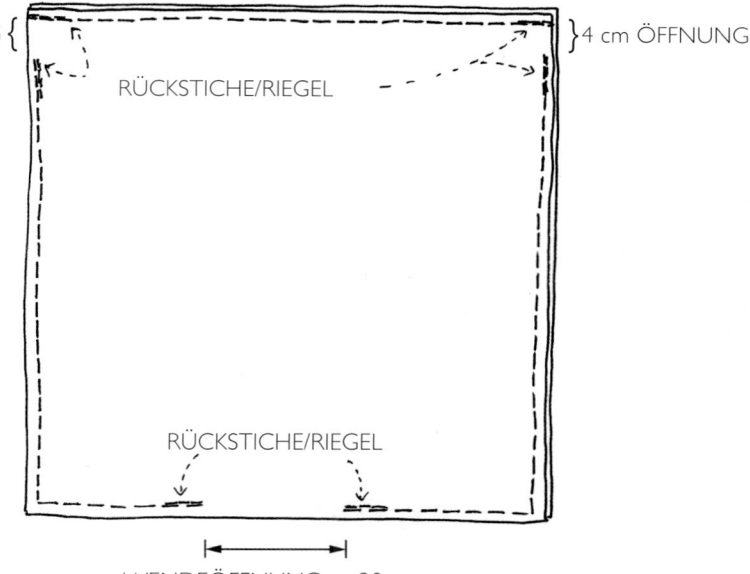

4 cm ÖFFNUNG { ... } 4 cm ÖFFNUNG

RÜCKSTICHE/RIEGEL

RÜCKSTICHE/RIEGEL

WENDEÖFFNUNG ca. 20 cm

Größe

55 x 55 cm

Material

• 2 Stoffstücke à 57 x 57 cm (z.B. aus Hosenbeinen
  oder anderen Jeansresten zusammengesetzt)
• 9 unterschiedliche Jeanstaschen
• farblich passendes Nähgarn
• Holzleiste, 80 cm lang, 3 cm breit, 0,5 cm dick

Nahtzugaben

In den Maßen ist 1 cm Nahtzugabe enthalten.

Nähanleitung

1. Die Kanten der Stoffstücke mit Zickzackstich versäubern. Stoffstücke rechts auf rechts zusammenlegen,
heften und bis auf die in der Zeichnung angegebenen
Öffnungen zusammensteppen. Die Nähte an den Öffnungen
immer gut mit ein paar Rückwärtsstichen sichern
(siehe Zeichnung).

2. Die Nahtzugaben auseinanderbügeln. Das Stoffstück
auf rechts wenden und die Wendeöffnung von Hand oder
knappkantig mit der Maschine schließen. Tunnel für
die Holzleiste 4 cm vom Rand steppen.

3. Die Jeanstaschen auf dem Untergrund anordnen (den
Tunnel für die Holzleiste aussparen) und feststeppen.
Zuletzt die Holzleiste einziehen.

Tipp

Soll das Utensilo an Ösen aufgehängt werden, benötigen Sie 4-5 Ösen, Ø 20 mm. Die Stoffstücke an
den Einschlagstellen der Ösen von links mit fester
Vlieseinlage verstärken und beim Zusammensteppen eine
ca. 20 cm große Wendeöffnung offen lassen. Die Ösen
werden ganz zum Schluss entsprechend der mitgelie-
ferten Anleitung eingeschlagen.

DOPPELLAGIG
AUSSCHNEIDEN

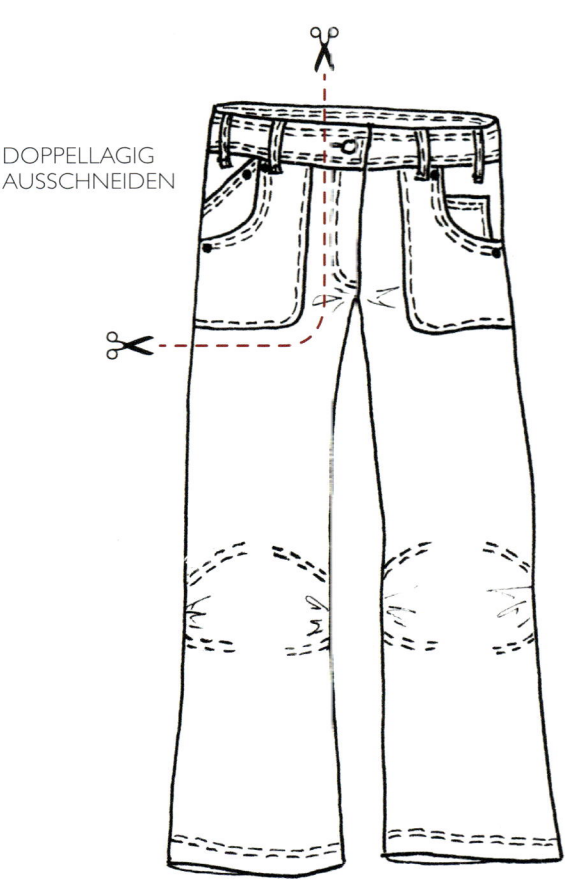

Zeichnung a

DIESEN WUNDERBAREN KULTURBEUTEL HAT MEINE NÄHBEGEISTERTE NICHTE SELBST ENTWORFEN, NACH-
DEM SIE SICH VON MEINEN JEANSPROJEKTEN HATTE ANSTECKEN LASSEN. IST ER NICHT EIN TOLLES BEISPIEL
DAFÜR, WOZU KINDER OHNE ZUTUN VON ERWACHSENEN FÄHIG SIND, WENN MAN SIE EINFACH MACHEN
LÄSST? DIE KREATIVSTEN PRODUKTE ENTSTEHEN OFT OHNE ANLEITUNG UND FERTIGE MODELLIDEE, UND
SIE MÜSSEN GAR NICHT PERFEKT SEIN. ES IST IHRE EINZIGARTIGKEIT, DIE SIE SO BESONDERS MACHT.

Material

• Mädchenjeans (reicht für zwei Beutel, also gleich
  für die Freundin einen mitnähen)
• farblich passendes Nähgarn
• Klettverschluss (Haken- und Flauschband), ca. 20 cm

Nähanleitung

1. Von der Seitennaht aus ein rechteckiges Stück
aus der Jeans herausschneiden. Die vorderen Taschen
samt Taschenbeutel dabei erhalten (Zeichnung a).

2. Den Beutel auf links wenden, die Schnittkanten
heften und rechts auf rechts zusammensteppen.
Kanten zusammen mit Zickzackstich versäubern.
Auf rechts wenden.

3. Als Verschluss Haken- und Flauschband beidseitig
in den Bund einnähen (Zeichnung b).

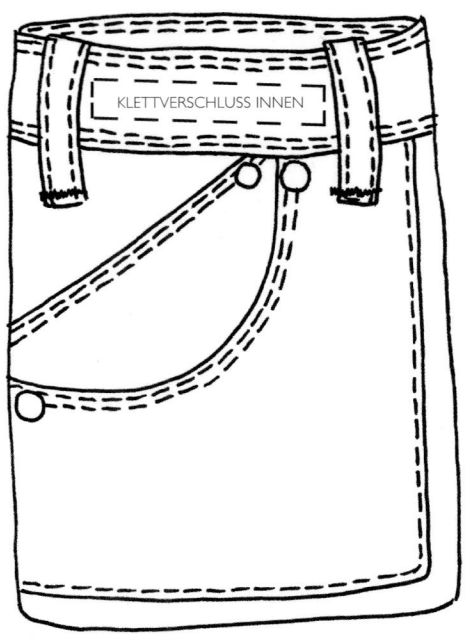

KLETTVERSCHLUSS INNEN

Zeichnung b

BETTENMACHEN GEHÖRT IN DER REGEL NICHT ZU DEN LIEBLINGSBESCHÄFTIGUNGEN VON KINDERN. WENN MAN IHNEN ABER EINE GUTE LÖSUNG FÜR DIE UNGELIEBTE AUFGABE ANBIETET, SIEHT DIE SACHE GLEICH ANDERS AUS. DIE JEANSSCHLANGE IST EIN GUTES BEISPIEL DAFÜR. NUR ZU ZWEI DRITTELN DAUER-HAFT GEFÜLLT, NIMMT SIE ÜBER EINE GROSSE REISSVERSCHLUSSÖFFNUNG DECKEN UND KISSEN AUF. DAS KÖNNEN DIE KINDER GANZ PROBLEMLOS SELBST ERLEDIGEN. SO DIENT DIE SCHLANGE TAGSÜBER GANZ NACH LUST UND LAUNE ALS GEMÜTLICHE RÜCKENLEHNE AUF DEM BETT, ZUSAMMENGEROLLT ALS SITZKISSEN ODER ALS LÜMMELSCHLANGE AUF DEM BODEN. DIE DEKORATIVEN SCHMALEN STREIFEN ENT-STEHEN DURCH DIE NAHTZUGABEN, DIE AUF DER RECHTEN STOFFSEITE LIEGEN UND MIT ZICKZACKSTICH FESTGESTEPPT WERDEN.

Größe

220 cm lang, 35 cm hoch

Material

- 4 Jeans (2 x hellblau, 2 x dunkelblau)
- 1 dunkelblauer Reißverschluss, 70 cm
- dunkelblaues Nähgarn
- ca. 2 kg Styroporgranulat
- dünner Baumwollstoff 140 x 100 cm (z.B. aus

  altem Leintuch zuschneiden)

Zuschnitt

7 dunkelblaue Stoffstücke 72 x 18 cm

6 hellblaue Stoffstücke 72 x 18 cm

Nahtzugaben

In den Maßen ist 1 cm Nahtzugabe enthalten.

Nähanleitung

1. Zunächst die Stoffstreifen entlang der langen Kanten zu einem großen Stück zusammennähen. Dazu einen dunkel- und einen hellblauen Streifen links auf links aufeinanderlegen. Eine lange Kante heften und nähen. Nahtzugaben auseinanderbügeln und entlang beider Kanten mit Zickzackstich auf der rechten Stoffseite feststeppen. Alle Stoffstreifen (immer abwechselnd hell- und dunkelblau) auf diese Weise der Reihe nach zusammennähen.

2. Das fertige Stoffstück der Länge nach falten (die rechte Stoffseite liegt innen) und sorgfältig bügeln, so dass die Kanten passgenau aufeinanderliegen.

3. Die lange Kante heften und zusammensteppen. Nach 20 cm die Naht mit 3—4 Rückstichen sichern (Riegel fertigen). Auf größte Stichlänge (z.B. 4—5 mm) stellen, 70 cm weitersteppen und dann einen zweiten Riegel fertigen. Stichlänge zurückstellen und fertig steppen. Die Naht zwischen den Riegeln wird später aufgetrennt und der Reißverschluss eingenäht. Nahtzugaben von links auseinanderbügeln.

4. Den Reißverschluss mit der Oberseite nach unten mittig auf die aufgebügelte Naht legen, stecken und vor Hand heften. Stoffschlauch auf rechts wenden. Den Reißverschluss ringsum mit dem Reißverschlussfüßchen und 0,7 cm Abstand zur Nahtkante einnähen. Die Naht zwischen den beiden Riegeln auftrennen, den Heftfaden entfernen und den Reißverschluss öffnen.

5. Bezug auf links wenden und so aufeinanderbügeln, dass die Naht mit dem Reißverschluss genau in der Mitte einer langen Seite liegt. Die kurzen Kanten passgenau aufeinanderlegen, heften und steppen.

6. Für die Eckabnäher alle vier Ecken des Bezugs so umlegen und bügeln, dass die Nähte der kurzen Kanten in der Mitte in Richtung Eckenspitze verlaufen (siehe Zeichnung). Die Abnäher im rechten Winkel zur Seitennaht 3 cm von der Eckenspitze steppen.

7. Bezug durch den Reißverschluss auf rechts wenden.

Füllkissen

Für das Füllkissen den Baumwollstoff rundum mit Zickzackstich versäubern, dann rechts auf rechts auf die Hälfte legen , so dass ein 140 x 50 cm großes Stoffstück entsteht. Alle Kanten bis auf eine 30 cm große Füllöffnung zusammennähen. Den Bezug auf rechts wenden und das Kissen mit Styroporgranulat füllen. Die Öffnung zusammenbinden und in den Bezug stecken, um auszuprobieren, ob die Füllung bereits ausreicht. Dabei

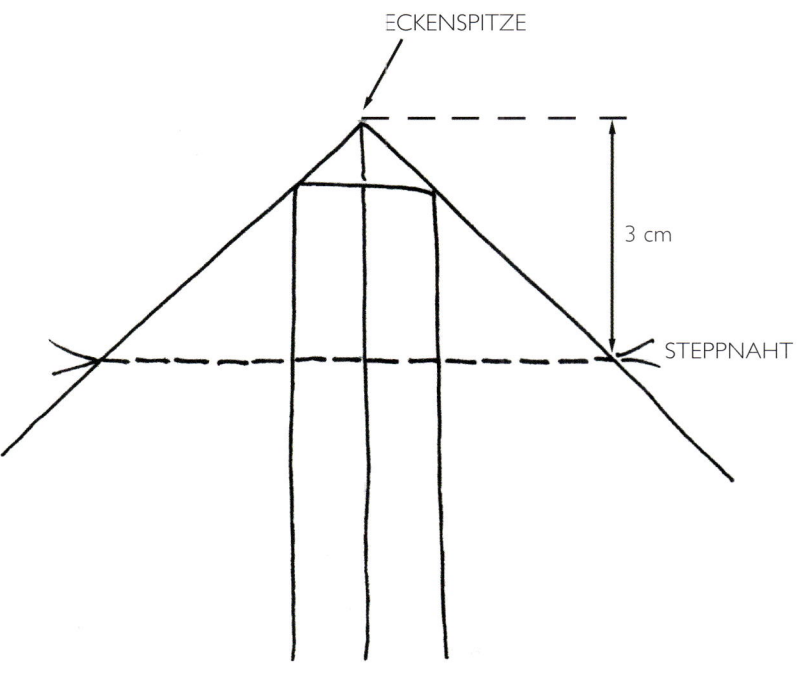

ECKENSPITZE

3 cm

STEPPNAHT

deutlich fester stopfen als gewohnt, da die Füllung im Gebrauch um einiges lockerer wird. Zum Schluss die Füllöffnung mit einer Steppnaht schließen und das Füllkissen in den Bezug stopfen.

Tipp

Die Jeans sollten so groß sein, dass man aus den vorderen und hinteren Hosenbeinen je ein 72 x 18 cm großes Stoffstück ausschneiden kann. Wer lieber Meterware verwenden möchte, benötigt je 80 cm hellen und dunklen Jeansstoff (Stoffbreite 140 cm). Der Hell-Dunkel-Effekt wird auch erreicht, wenn Sie abwechselnd die Vorder- und Rückseite eines dunklen Jeansstoffs verwenden, davon benötigen Sie dann 150 cm.

Gemütlich gestreift

WIE MAN UNTERSCHIEDLICHE JEANSTÖNE KOMBINIEREN KANN, SIEHT MAN AN DIESEM GEMÜTLICHEN BODENKISSEN. BESONDERS SCHÖN SIND DIE NACH AUSSEN SICHTBAREN, LEICHT AUSGEFRANSTEN NÄHTE, DIE SICH ALS FEINE STREIFEN ZEIGEN.

Größe

75 x 75 cm

Material

- 3 Jeans in unterschiedlichen Blautönen
- 1 dunkelblauer Reißverschluss, 50 cm
- dunkelblaues Nähgarn
- 1 Füllkissen 80 x 80 cm oder mehrere kleinere Füllkissen

Zuschnitt

5 dunkelblaue Stoffstücke 77 x 17 cm

5 hellblaue Stoffstücke 77 x 17 cm

Alle Teile aus den Hosenbeinen zuschneiden.

Nahtzugaben

In den Maßen ist 1 cm Nahtzugabe enthalten.

Nähanleitung

1. Für Kissenvorderseite und Kissenrückseite steppen Sie je fünf Stoffstreifen entlang der langen Kanten zu einem großen Stück zusammen. Um die Verteilung der Farben vor dem Zusammensteppen festzulegen, legen Sie die Streifen am besten auf dem Boden aus und suchen die schönste Kombination.

2. Einen Streifen nach dem anderen links auf links aufeinanderlegen. Eine lange Kante heften und zusammensteppen. Bügeln Sie die Nahtzugaben auseinander und steppen Sie alle fünf Stoffstreifen pro Kissenseite auf dieselbe Art zusammen.

3. Das vordere und rückwärtige Kissenteil rechts auf rechts so zusammenlegen, dass die Stoffbahnen von Vorder- und Rückseite quer zueinander verlaufen. Beim Heften und Steppen darauf achten, dass die auseinandergebügelten Nähte nicht umklappen. Eine Kante aufeinandersteppen. Dabei an einer Seite beginnend die Naht nach 13,5 cm mit 3-4 Rückstichen sichern (Riegel fertigen). Auf größte Stichlänge (z.B. 4—5 mm) stellen und weitersteppen. Nach 50 cm die Stichlänge wieder zurückstellen und einen zweiten Riegel fertigen. Naht mit normaler Stichlänge fertig steppen. Die Nahtzugaben von links auseinanderbügeln.

4. Den Reißverschluss mit der Oberseite nach unten mittig auf die aufgebügelte Naht legen, stecken und von Hand festheften. Bezug auf rechts drehen. Den Reißverschluss ringsum mit dem Reißverschlussfüßchen mit 0,7 cm Abstand zur Nahtkante einnähen. Die Naht zwischen den beiden Riegeln auftrennen, den Heftfaden entfernen und den Reißverschluss 5 cm öffnen.

5. Nun drehen Sie den Bezug wieder auf links. Die offenen Kanten rechts auf rechts aufeinanderheften und zusammensteppen. Bezug durch den Reißverschluss auf rechts wenden und mit Füllkissen füllen.

Tipp

Die Jeans sollten so groß sein, dass man aus den vorderen und hinteren Hosenbeinen je ein 77 x 17 cm großes Stoffstück ausschneiden kann.

KAUM EIN STOFF FRANST SO SCHÖN AN DEN RÄNDERN AUS WIE JEANS, DARUM ARBEITE ICH SO GERN MIT UNVERSÄUBERTEN KANTEN. HIER ERGEBEN IN STREIFEN GESCHNITTENE JEANS EINE WUNDERSCHÖN WEICHE UND FAST MALERISCHE OBERFLÄCHE FÜR EINEN KLEINEN RUNDEN TEPPICH.

Größe

ø 75 cm

Material

- 2—3 Jeans
- evtl. zusätzlicher Jeansstoff
  (ich habe ein großes Jeanskleid verwendet)
- Volumenvlies
- dunkelblaues Nähgarn

Außerdem:

- 2 runde Stoffstücke, Ø 77 cm
- 1 rundes Stück Volumenvlies, Ø 77 cm

Zuschnitt

Hosenbeine zuerst in schrägem Verlauf rundherum schneidend zu einem zusammenhängenden Stück auf-schneiden (Zeichnung a). Dann in 2,5 cm breite Schrägstreifen schneiden (Zeichnung b). Für den Teppich reichen zwei große Jeans aus. Ich empfehle dennoch, lieber ein Hosenbein mehr zuzuschneiden, denn es ist ärgerlich, wenn das Material beim Nähen ausgeht. Übrig gebliebene Streifen kann man z.B. für Topflappen verwenden, die in derselben Technik wie der Teppich hergestellt werden.

Nahtzugaben

In den Maßen ist 1 cm Nahtzugabe enthalten.

Nähanleitung

1. Steppen Sie die Stoffstreifen auf einen der beiden Stoffkreise auf: Am Rand beginnend, einen Streifen nach dem anderen aufsteppen (mit Zickzackstich immer in der Bandmitte, die Enden ca. 2 cm überlappen lassen), dann weitere Streifen ca. 1 cm überlappend spiralförmig und immer enger werdend bis in die Mitte feststeppen (Zeichnung c).

2. Beide Stoffkreise rechts auf rechts legen. Das Volumenvlies dazwischenlegen und die Kanten aufeinanderheften. Die Kanten rundum bis auf eine ca. 20 cm große Wendeöffnung aufeinandersteppen. Teppich durch die Öffnung auf rechts wenden.

3. Steppen Sie die Teppichkante rundum knappkantig, die Wendeöffnung wird dabei geschlossen.

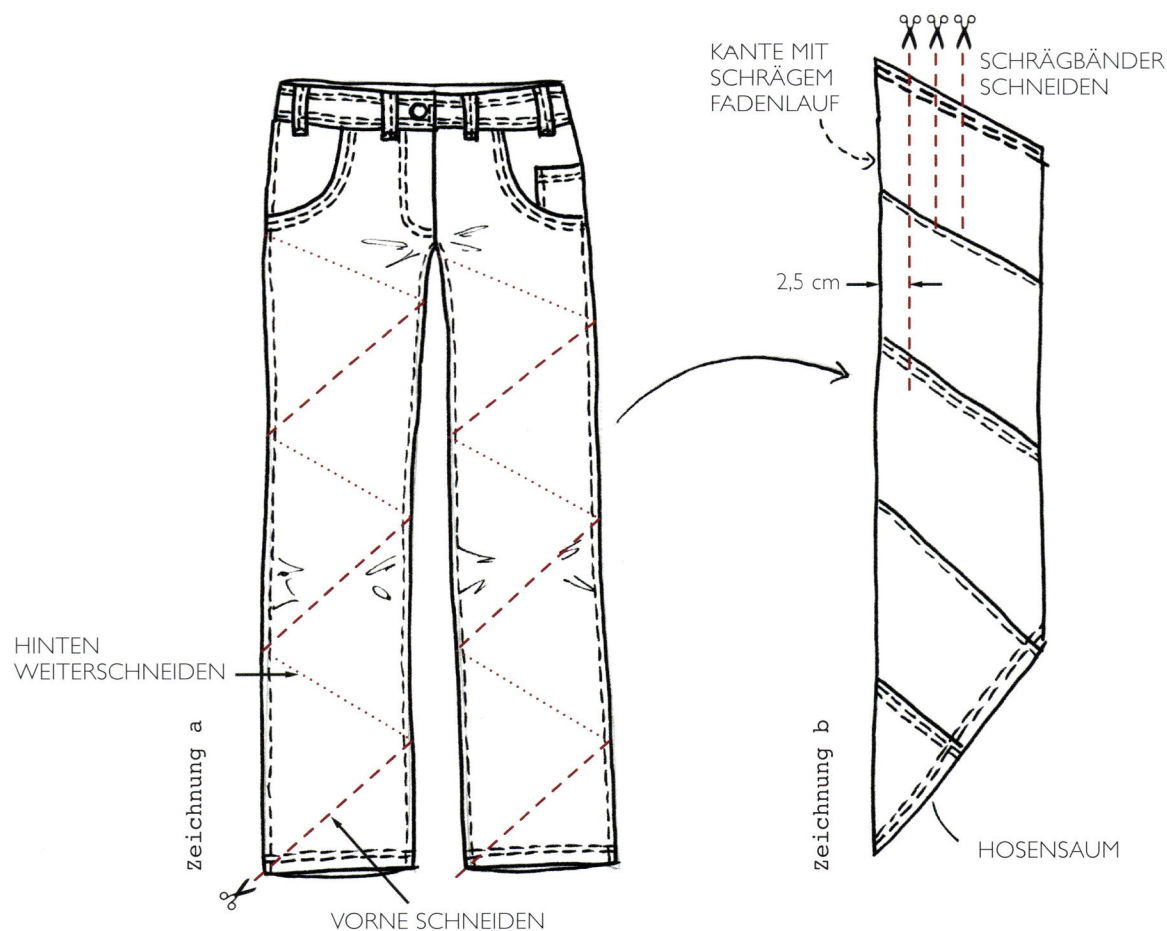

KANTE MIT SCHRÄGEM FADENLAUF

SCHRÄGBÄNDER SCHNEIDEN

2,5 cm

HINTEN WEITERSCHNEIDEN

Zeichnung a

VORNE SCHNEIDEN

Zeichnung b

HOSENSAUM

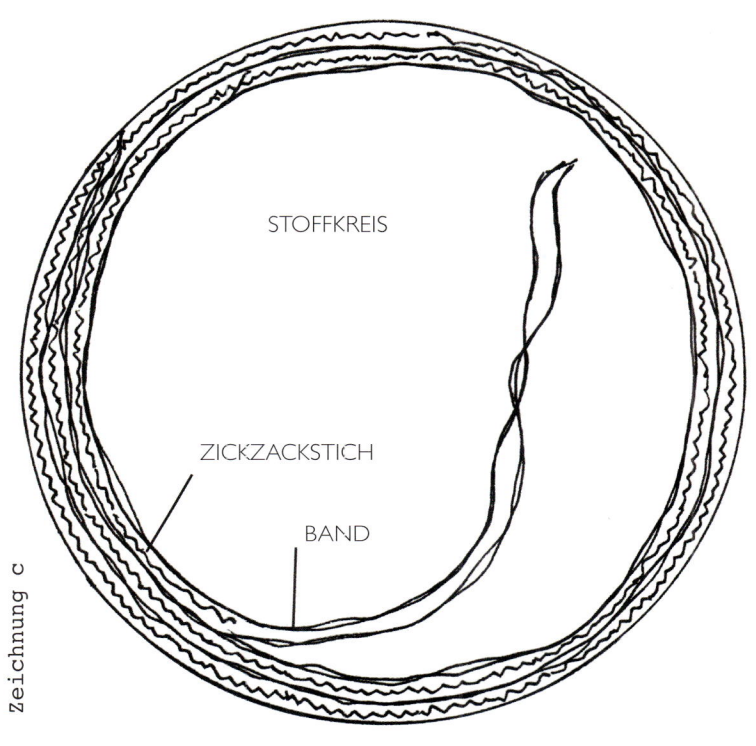

STOFFKREIS

ZICKZACKSTICH

BAND

Zeichnung c

Tipps

Etwas einfacher zu nähen ist ein rechteckiger Teppich mit quer aufgesteppten Jeansstreifen.

Wer keine Jeans zur Hand hat, die er zerschneiden möchte, kann das Schrägband auch aus gekauftem Jeansstoff (in 45°-Winkel zum Fadenverlauf) zuschneiden.

Damit die Kanten schön ausfransen, sollte der Teppich einmal vor Gebrauch gewaschen werden. Die danach evtl. heraushängenden Fädchen schneiden Sie einfach ab.

MIT SCHRÄG ZUGESCHNITTENEM JEANSBAND KANN MAN WUNDERBAR UND AUF VIELFÄLTIGE WEISE KISSEN VERZIEREN. FÜR DAS KISSENTRIO HABE ICH DREI HERRENHEMDEN ZU KISSENHÜLLEN RECYCELT UND JEDEM SEIN EIGENES DESIGN AUS AUFGESTEPPTEM SCHRÄGBAND GEGEBEN.

Größe

40 x 40 cm

Schriftzug kopieren und auf 200% vergrößern

Material pro Kissen

• 1 Herrenhemd

• Schrägband 1,5—2 cm breit

  (aus Jeans zugeschnitten, Technik siehe Seite 40)

• dunkelblaues Nähgarn

• Füllkissen, 40 x 40 cm

Zuschnitt

Kissenvorderseite 42 x 42 cm

Kissenrückseite 42 x 42 cm

Nahtzugaben

In den Maßen ist 1 cm Nahtzugabe enthalten.

Nähanleitung

1. Die Vorderseite des Kissens schneiden Sie aus dem Rückenteil des Hemdes, die Rückseite des Kissens aus dem Vorderteil zu. Die Lage der Knopfleiste kann beliebig gewählt werden, ob quer oder längs, mittig oder versetzt, spielt keine Rolle. Sie sollten aber darauf achten, den Ausschnitt so zu wählen, dass der Abstand der äußeren Knöpfe zu den Seitennähten des Kissenbezugs auf beiden Seiten gleich ist.

2. Beide Schnittteile rundherum mit Zickzackstich versäubern.

3. Den gewünschten Verlauf des Schrägbandes (Streifen, Kreise, Schriftzug) mit Schneiderkreide oder Markierstift auf der rechten Stoffseite der Kissenvorderseite anzeichnen. Schrägbänder entlang der Markierungen aufsteppen, mit Zickzack- oder Geradstich immer in Bandmitte. Bänder ca. 1,5 cm überlappend aneinandersetzen.

4. Die Kissenteile rechts auf rechts legen, die Kanten aufeinanderheften und zusammensteppen. Nahtzugaben auseinanderbügeln, Bezug durch die Knopfleiste auf rechts wenden, mit Füllkissen füllen.

5. Damit die Kanten der Schrägbänder schön ausfransen, waschen Sie den Bezug und schneiden die danach heraushängenden langen Fäden ab.

Reißverschluss einnähen

Wenn Sie nicht die Knopfleiste eines Hemdes als Verschluss verwenden möchten, nähen Sie einen 30 cm langen Reißverschluss ein.

1. Um den Reißverschluss einzunähen, legen Sie das vordere und rückwärtige Kissenteil rechts auf rechts aufeinander.

2. Die untere Kante heften und zusammensteppen, dabei an einer Seite beginnend die Naht nach 6 cm mit 3—4 Rückstichen sichern (Riegel fertigen). Auf größte Stichlänge (z.B. 4—5 mm) stellen und weitersteppen. Nach 30 cm, 6 cm vor Nahtende (hier wird später der Reißverschluss eingenäht, danach wird diese Heftnaht wieder aufgetrennt), Stichlänge wieder zurückstellen und einen zweiten Riegel fertigen. Naht mit normaler Stichlänge fertig steppen. Nahtzugaben von links auseinanderbügeln.

3. Legen Sie den Reißverschluss mit der Oberseite nach unten mittig auf die aufgebügelte Naht und heften Sie ihn von Hand fest. Bezug auf rechts drehen und den Reißverschluss ringsum mit dem Reißverschlussfüßchen mit 0,7 cm Abstand zur Nahtkante einnähen. Die Naht zwischen den beiden Riegeln auftrennen. Heftfaden entfernen. Reißverschluss 5 cm öffnen.

4. Drehen Sie den Bezug wieder auf links. Die offenen Kanten rechts auf rechts aufeinanderheften und zusammensteppen. Bezug durch den Reißverschluss auf rechts wenden und mit Füllkissen füllen.

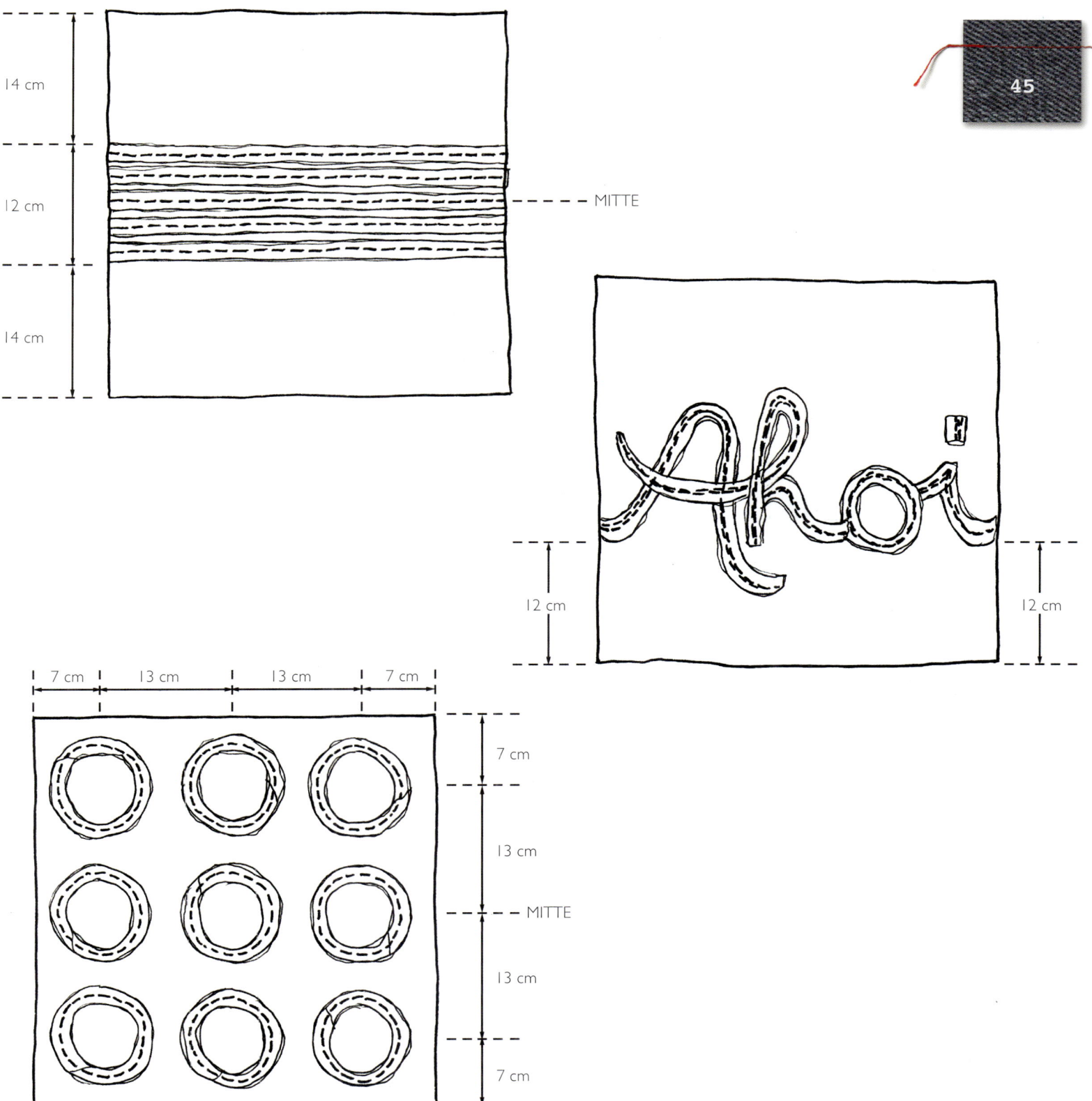

14 cm

12 cm — MITTE

14 cm

45

12 cm

12 cm

7 cm 13 cm 13 cm 7 cm

7 cm

13 cm

13 cm — MITTE

7 cm

KREISDURCHMESSER 10 cm

Frische Brise im Kinderzimmer

IMMER AUF DER SUCHE NACH SCHÖNEN RECYCLINGIDEEN, HABE ICH AUF EINEM FLOHMARKT EIN GUT ERHALTENES GROSSSEGEL UND EIN VORSEGEL AUS BAUMWOLLE ENTDECKT UND ZU MEINER FREUDE AUCH SEHR GÜNSTIG BEKOMMEN. DAS KLEINE SEGEL HABE ICH GANZ UNKOMPLIZIERT ALS RAUMTEILER AUFGEHÄNGT. AUS DEM GROSSSEGEL IST EIN SITZSACK MIT EINEM KNALLROTEN REISSVERSCHLUSS ALS HINGUCKER ENTSTANDEN. UND AUCH AUS DEM ALLERLETZTEN REST WURDE ETWAS GANZ BESONDERES: EIN LAMPENUNIKAT FÜRS KINDERZIMMER.

Tipp

Wenn Sie kein Seil zum Abspannen verwenden möchten, nähen Sie am unteren Rand des Segels einen Tunnel und ziehen eine Holzleiste ein. Dann kann das Segel frei hängen.

An einem Regentag in den Sommerferien waren drei äußerst gelangweilte Jungs plötzlich für Stunden verschwunden. Irgendwann wunderte ich mich dann doch, was sie denn für eine Beschäftigung gefunden hatten …
Ich fand sie in der Werkstatt, verschwitzt, voller Sägespäne und hochzufrieden — sie hatten beschlossen, eine Band zu gründen, und jeder hatte sich ein eigenes Instrument aus einfachen Holzbrettern zusammengezimmert. Hier sehen Sie das Modell „E-Gitarre"!

DER SITZSACK AUS EINEM ECHTEN SEGEL WIRKT ALLEIN DURCH DAS BESONDERE MATERIAL UND DIE BEREITS AUF DEM SEGEL VORHANDENEN NÄHTE UND ABNÄHER SEHR EDEL UND MODERN. NATÜRLICH EIGNET SICH AUCH JEDER ANDERE FESTE LEINEN- ODER BAUMWOLLSTOFF. FÜLLEN SIE DEN SITZSACK MIT STYROPORGRANULAT, DAS MACHT IHN FORMBAR UND SEHR GEMÜTLICH. ALTE DAUNENDECKEN EIGNEN SICH AUCH GUT ALS FÜLLMATERIAL.

Größe

130 x 90 cm

Material für den Bezug

- Stoffstück 132 x 182 cm (z.B. aus altem Segel zuschneiden)
- Stoffstück 10 x 6 cm (zum Verdecken des Zippers)
- roter Reißverschluss 60 cm
- Vlieseinlage 65 x 5 cm
- farblich passendes Nähgarn
- rotes Nähgarn als Kontrastfarbe

Nahtzugaben

In den Maßen ist 1 cm Nahtzugabe enthalten.

Material für das Füllkissen

- alter weißer Bettbezug (oder ein ähnlich großer selbst genähter Bezug aus leichtem, dichtem Baumwollstoff mit großer Füllöffnung)
- Styroporgranulat (Körnung 3—5 mm, 4 kg = ca. 200 Liter

Nähanleitung

1. Den Stoff zuschneiden und rundum mit Zickzackstich versäubern.

2. Reißverschluss sichtbar einnähen: Die Position des Reißverschlusses (Zeichnung a) bzw. auch die umzubügelnden Kanten (Zeichnung b) auf der rechten Stoffseite einzeichnen.

3. Vlieseinlage auf die linke Stoffseite, mittig zur Reißverschlussposition, aufbügeln. Schneiden Sie die Öffnung entlang der Schnittlinien (Zeichnung b) auf und bügeln Sie die Kanten sauber entlang der Umbruchkanten auf links um. Den Reißverschluss sorgfältig in die Öffnung heften und mit Geradstich feststeppen (entweder mit dem Reißverschlussfüßchen oder hier auch mit einem gewöhnlichen Nähfüßchen, da die Kanten weit genug vom Reißverschluss entfernt sind). Nähen Sie mit dem roten Nähgarn einen dicken Zickzackstich als Kontraststich um den Reißverschluss.

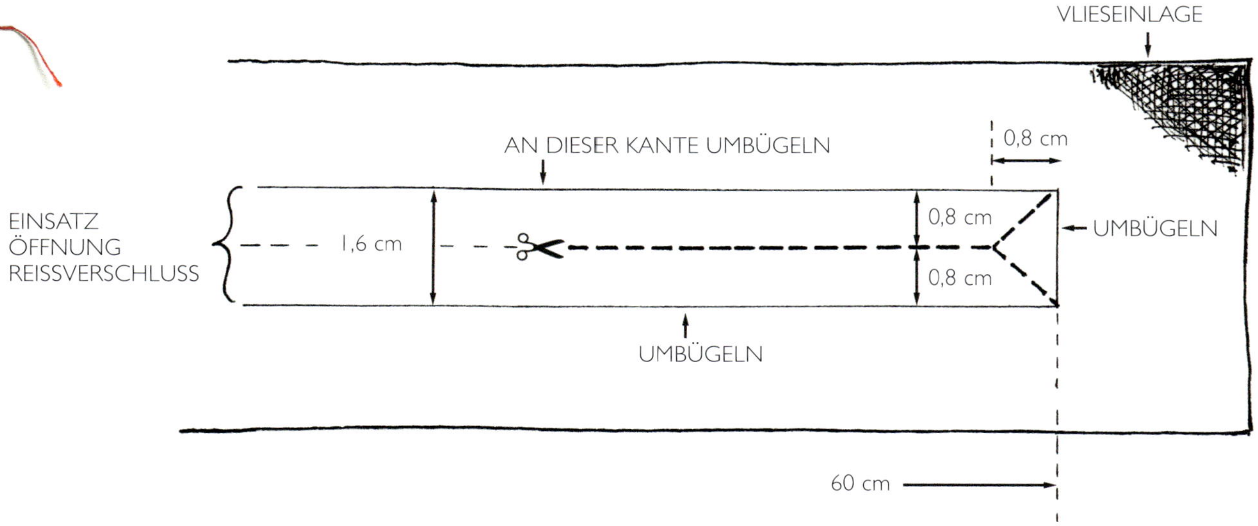

50

zeichnung b

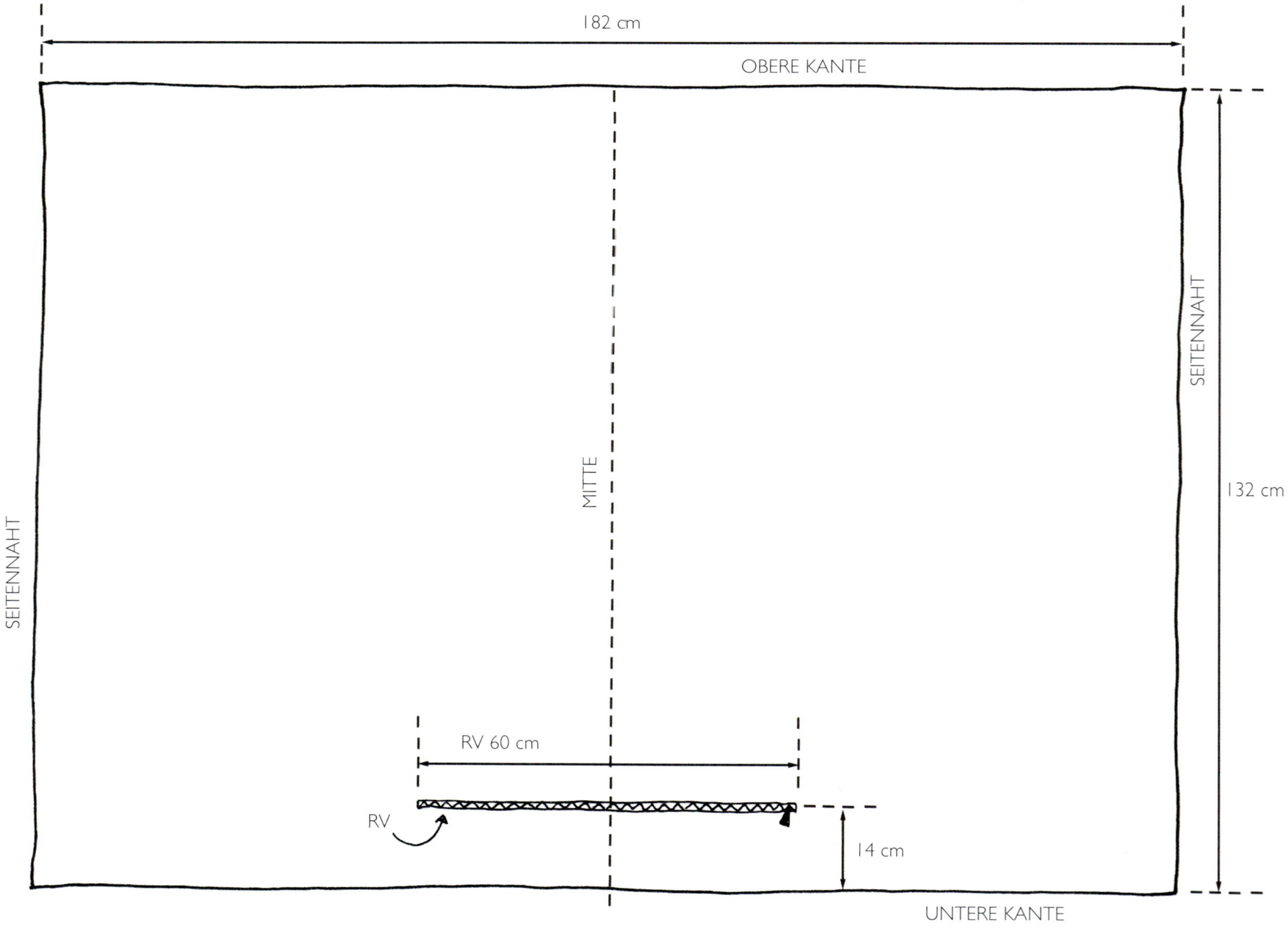

VLIESEINLAGE

AN DIESER KANTE UMBÜGELN

0,8 cm

EINSATZ
ÖFFNUNG
REISSVERSCHLUSS

1,6 cm

0,8 cm

0,8 cm

UMBÜGELN

UMBÜGELN

60 cm

182 cm

OBERE KANTE

SEITENNAHT

SEITENNAHT

MITTE

132 cm

RV 60 cm

RV

14 cm

zeichnung a

UNTERE KANTE

4. Alle Seiten des kleinen Stoffstücks (10 x 6 cm) 1 cm auf links umbügeln, zu einem 4 x 4 cm großen Quadrat zusammenklappen (rechte Stoffseite außen) und knappkantig zusammensteppen. Auf einer Seite eine rote Zickzacknaht steppen (siehe Foto). Das Quadrat am oberen Ende des Reißverschlusses so aufsteppen, dass der Zipper des Reißverschlusses darunter Platz findet.

5. Klappen Sie den Stoff rechts auf rechts zusammen, so dass ein 91 x 132 cm großes Stück entsteht. Die Seitennaht (lange Kante) heften und zusammensteppen. Nahtzugaben auseinanderbügeln.

6. Bezug von links so bügeln, dass die Seitennaht genau in der Mitte des Bezuges verläuft. Die untere Kante heften und zusammensteppen. Nahtzugaben auseinanderbügeln.

7. Öffnen Sie den Reißverschluss ca. 10 cm weit und legen Sie die oberen Kanten rechts auf rechts so aufeinander, dass die Seitennaht wieder an der Seite liegt. Kante heften und zusammensteppen. Nahtzugaben auseinanderbügeln, Bezug auf rechts wenden.

Füllkissen

Das Füllkissen sollte deutlich größer als der Bezug sein. Daher eignet sich ein alter Bettbezug gut, Sie können aber auch mehrere große Kissenbezüge mit Styroporgranulat befüllen, oder ein großes Füllkissen (z.B. 200 x 120 cm mit einer ca. 40 cm großen Füllöffnung) aus einem leichten, dichten Baumwollstoff nähen.

Nähanleitung Füllkissen

1. Steppen Sie die Öffnung des Bettbezugs bis auf eine ca. 40 cm große Füllöffnung zusammen.

2. Bettbezug mit Styroporgranulat füllen. Öffnung zusammenbinden und ausprobieren, ob das Kissen bereits genug befüllt ist. Dabei deutlich fester stopfen als gewohnt, da die Füllung im Gebrauch um einiges lockerer wird. Zum Schluss schließen Sie die Füllöffnung mit einer Steppnaht.

KINDER LIEBEN ES, SICH ZU VERSTECKEN, UND GENAUSO GERN GUCKEN SIE AUCH AUS ETWAS HERAUS. DA KOMMT DAS LOCH IM VORHANG – EIN RUNDES BULLAUGE WIE IN EINEM ECHTEN SCHIFF – GERADE RECHT ! GENAUSO GUT KANN DER VORHANG AUS MARKISENSTOFF ALS SPIELVORHANG AM BETT ODER ALS RAUMTEILER AUFGESPANNT WERDEN. MARKISENSTOFFE SIND ROBUST UND DIE KLASSISCHEN STREIFEN BRINGEN EINE TOLLE STIMMUNG INS KINDERZIMMER. MAN BEKOMMT SIE ALS METERWARE IM GUT SORTIERTEN STOFFGESCHÄFT UND BEIM VERSANDHANDEL FÜR NÄHBEDARF.

Material

- Vorhang aus Markisenstoff in der gewünschten Größe
- blaues Schrägband, 50 mm breit, 90 cm lang
- sehr feste Bügeleinlage / Vlieseinlage zur Verstärkung der Fensteröffnung
- Nähgarn in passender Farbe
- dickeres rotes Ziergarn für Zickzackstepp
- Markierstift

Nähanleitung

1. Die runde Fensteröffnung, Ø 20 cm, mit Markierstift auf den Vorhang übertragen. Die Öffnung zuerst von links mit Vlieseinlage verstärken (Zeichnung a). Schneiden Sie dafür die Vlieseinlage so großzügig zu, dass sie ca. 1 – 2 cm in die spätere Öffnung hineinreicht. Fensteröffnung ausschneiden.

2. Zum Einfassen der Öffnung das Schrägband der Länge nach aufklappen und Kante an Kante auf die Innenseite der Fensteröffnung heften. Dabei an der unteren Kante der Öffnung beginnen und den Anfang des Bandes ca. 0,7 cm nach innen einklappen. Dort wieder angekommen, das Schrägband ca. 0,7 cm überlappen lassen und abschneiden.

3. Steppen Sie das Schrägband 1 mm rechts von der ersten Umbruchkante fest. Den Streifen über die Kante auf die rechte Stoffseite klappen und die Umbruchkante nach innen einschlagen. Den Streifen so festheften, dass die erste Naht überdeckt ist. Das Schrägband nun knappkantig von rechts feststeppen. Ansatzstelle von Hand vernähen oder knappkantig steppen.

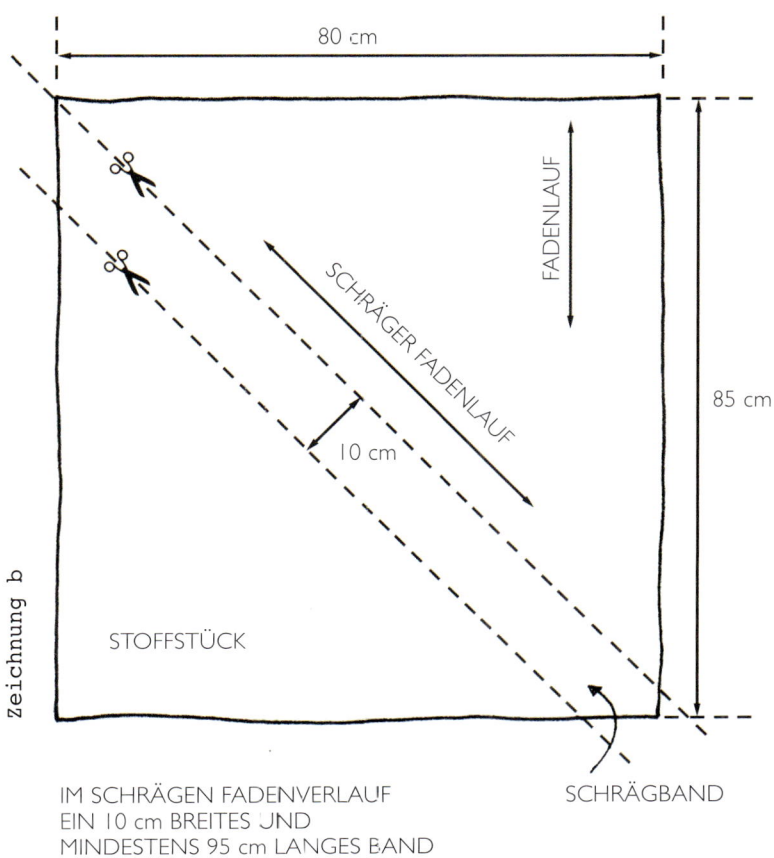

Zeichnung b

STOFFSTÜCK

80 cm

FADENLAUF

SCHRÄGER FADENLAUF

10 cm

85 cm

SCHRÄGBAND

IM SCHRÄGEN FADENVERLAUF
EIN 10 cm BREITES UND
MINDESTENS 95 cm LANGES BAND
ZUSCHNEIDEN

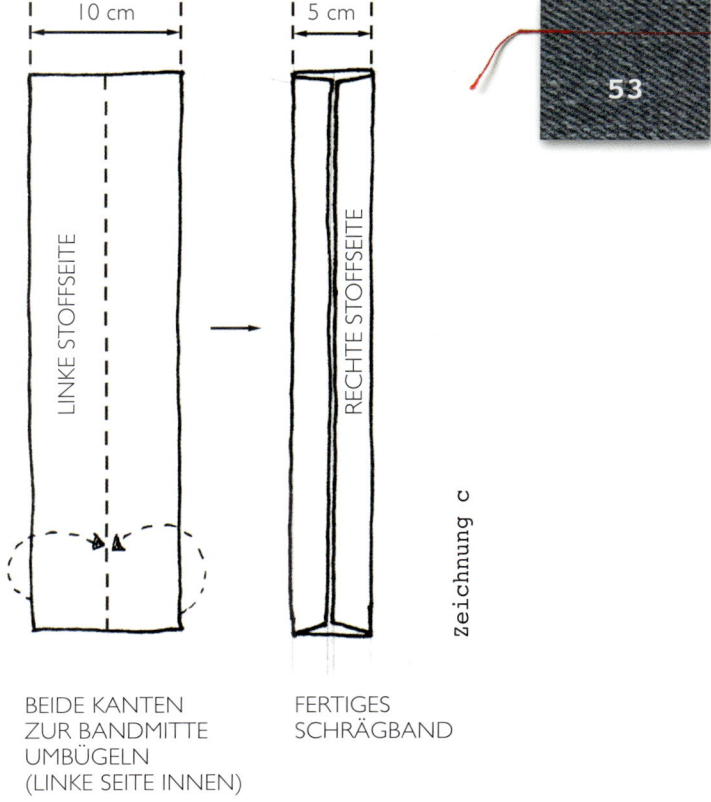

10 cm

5 cm

LINKE STOFFSEITE

RECHTE STOFFSEITE

Zeichnung c

BEIDE KANTEN
ZUR BANDMITTE
UMBÜGELN
(LINKE SEITE INNEN)

FERTIGES
SCHRÄGBAND

53

4. Mit dem roten Ziergarn noch zwei Zickzacknähte
rund um das Fenster steppen.

Tipp

Schrägband können Sie sich sehr leicht aus einem
Stoff der eigenen Wahl selbst herstellen. Im Fachhandel finden Sie dafür spezielle Schrägbandformer. Für
dieses Projekt ist das aber nicht nötig, da das
Schrägband für ein rundes Fenster nur 95 cm lang
sein muss. Sie können es wie in Zeichnung b + c
gezeigt zuschneiden und bügeln.

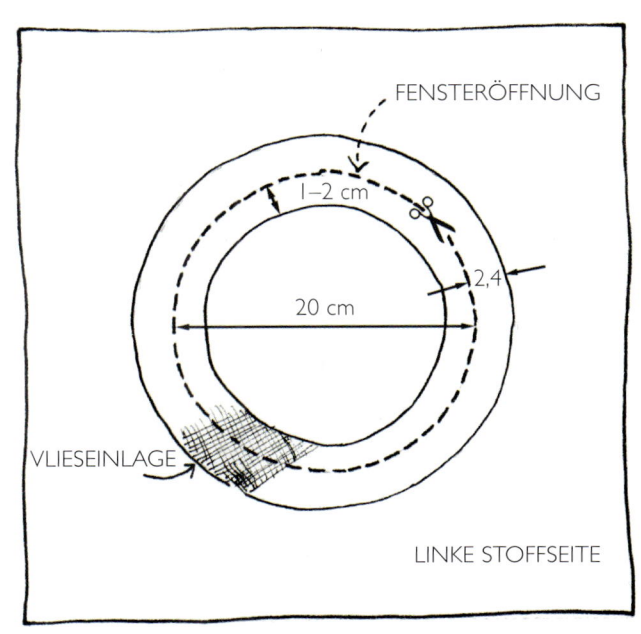

VLIESEINLAGE
Ø AUSSEN = 24, 8 cm
Ø INNEN = ~ 16 – 18 cm

FENSTERÖFFNUNG

1–2 cm

20 cm

2,4

VLIESEINLAGE

LINKE STOFFSEITE

Zeichnung a

Zipfelmützenlichtobjekt

AUS MEINEM SITZSACKPROJEKT WAR NOCH EIN LÄNGLICHES, SPITZ ZULAUFENDES DREIECKIGES STÜCK SEGEL ÜBRIG, DAS ICH EINFACH ZU EINER LANGEN „ZIPFELMÜTZE" ZUSAMMENGESTEPPT HABE. SIEHT DAS DARAUS ENTSTANDENE LICHTOBJEKT NICHT TOLL AUS? DURCH EINE LICHTERKETTE IM INNEREN SPENDET DIE LAMPE EIN GANZ BESONDERS GEMÜTLICHES LICHT AM BETT.

Ruder mit Schutzfunktion

ALTE RUDER BESITZEN FÜR MICH EINE BESONDERE FASZINATION. ICH STELLE MIR GERNE VOR, WIE VIELE UNTERSCHIEDLICHE HÄNDE SIE SCHON GEHALTEN HABEN, WER WOHL DAMIT RUDERN GELERNT HAT UND AUF WELCHEN GEWÄSSERN SIE UNTERWEGS WAREN. MIT DEM RUDERPAAR, VON DEM DIESES RUDER STAMMT, HABE ICH EINMAL MEINEN KLEINEN BRUDER GERETTET, ALS DIESER IN STARKEM WIND IN EINEM KLEINEN BOOT ÜBER DIE BUCHT ABGETRIEBEN WAR UND NICHT MEHR ZURÜCK KONNTE. ICH ERINNERE MICH NOCH SEHR GENAU, WIE ICH MICH GEGEN DEN WIND STEMMTE, UM DAS SCHWERE HOLZBOOT, IN DEM ICH SASS, STÜCK FÜR STÜCK WEITERZUBEWEGEN UND AN DAS STOLZE GEFÜHL, DASS ICH ES GESCHAFFT HATTE, ALS WIR BEIDE WIEDER AN LAND WAREN.

NUN BESCHÜTZT DAS RUDER MEINE NEFFEN VOR DEM HERAUSFALLEN AUS DEM STOCKBETT UND BRINGT GLEICHZEITIG EIN BISSCHEN ABENTEUER UND SEEFAHRERSTIMMUNG INS KINDERZIMMER.

Material

• Treibholzbrett oder anderes Fundholz

• Dachpappennägel

• dicker, weicher Bleistift,
  z.B. Zimmermannsbleistift (Baumarkt)

• Hammer

Anleitung

Das Motiv (siehe Zeichnung) mit dem Bleistift
aufs Brett zeichnen. Zunächst den kompletten Rand
rundum abnageln; die Nägel werden hier ziemlich tief
eingeschlagen. Dann das Motiv mit Nägeln ausfüllen,
dabei die Nägel zur Mitte hin immer höher stehen
lassen, um einen schönen, dreidimensionalen Effekt zu
erzielen. Überlappungen und wechselnde Abstände sind
durchaus erwünscht und machen die Struktur besonders
reizvoll.

HIER DARF NACH HERZENSLUST GEHÄMMERT WERDEN! NAGELKUNSTWERKE SIND GANZ EINFACH ZU MACHEN UND SEHEN TOLL AUS! KINDERN MACHT ES GROSSEN SPASS, IHRE EIGENEN MOTIVE NAGEL FÜR NAGEL ZU GESTALTEN. FORMEN MIT KLAREN KONTUREN KOMMEN DABEI AM BESTEN ZUR GELTUNG.

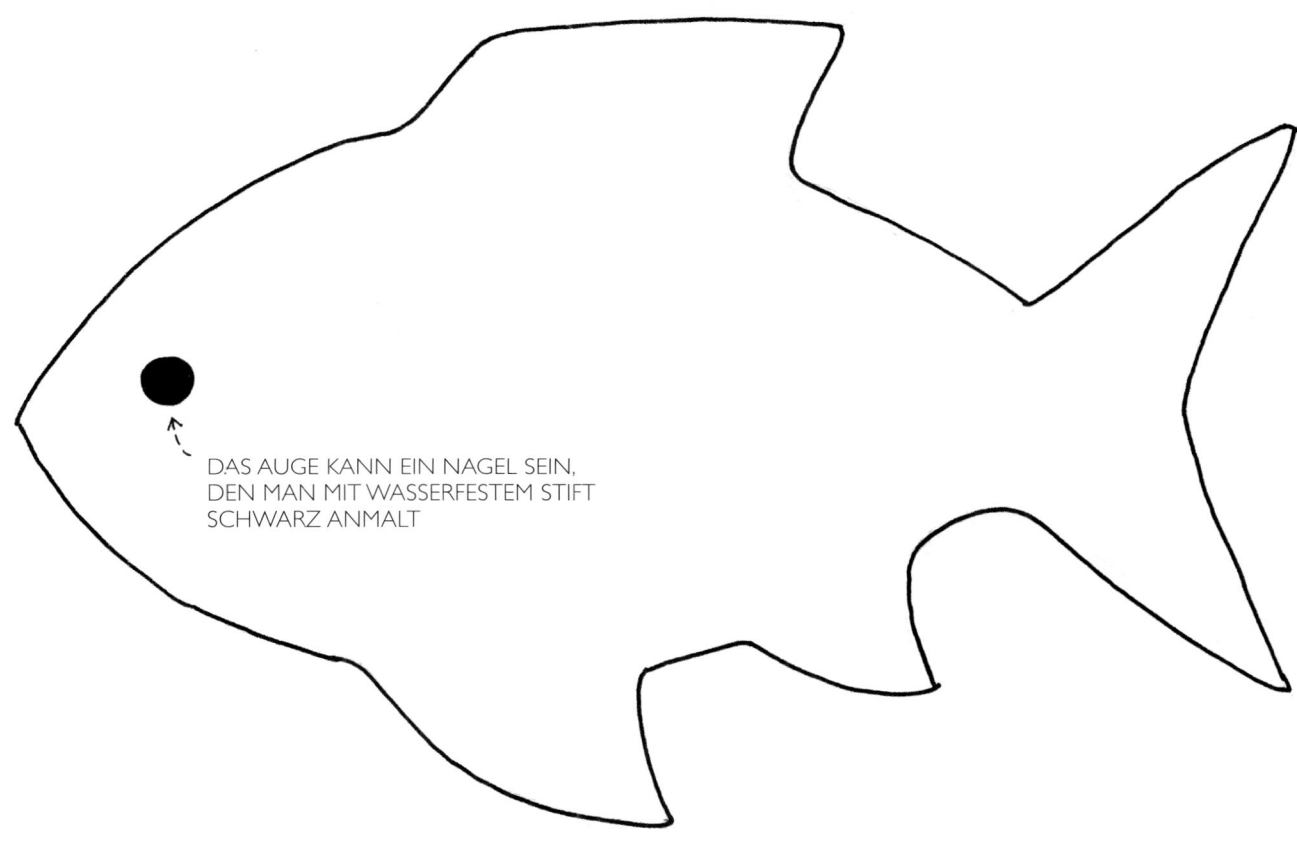

DAS AUGE KANN EIN NAGEL SEIN, DEN MAN MIT WASSERFESTEM STIFT SCHWARZ ANMALT

Tipp

Ein Brett in Treibholzoptik kann man auch selbst herstellen. Dazu ein Brett in der gewünschten Größe zurechtsägen — die Kanten dürfen oder sollen sogar etwas schräg und ungleich gesägt sein. Alle Kanten mit einer Holzfeile und Schleifpapier abrunden. Setzt man das Brett an einer sonnigen Stelle der Witterung aus, bekommt es die richtige Patina. Wer nicht so lange warten möchte, behandelt das Brett mit einer hellgrauen Lasur, die mal dicker, mal dünner aufgetragen und nach dem Trocknen an manchen Kanten mit Schleifpapier aufgehellt wird.

AUF SCHOTTERWEGEN LOHNT ES SICH, EIN WENIG GENAUER HINZUSEHEN, DENN OFT FINDET MAN ZWISCHEN DEN STEINEN AUCH BUNTE, SCHON ETWAS GESCHLIFFENE KACHELSCHERBEN, DIE MAN ZU TOLLEN KLEINEN MOSAIKKUNSTWERKEN ZUSAMMENSTELLEN UND IN SZENE SETZEN KANN.

Material
- Holzbrett (alternativ Blumentopf, Bilderrahmen oder flacher Stein)
- Scherben, kleine Steine etc.
- Klebstoff oder Heißklebepistole

Anleitung
Das Motiv auf dem Brett zusammenstellen und ein Mosaikstück nach dem anderen festkleben.

Tipp
Unterwegs ist ein impovisierter Mosaikwettbewerb eine tolle Motivation für wandermüde Kinder: Jeder sammelt so viele tolle Scherben oder Steine wie er möchte und gestaltet am Ende des Tages ein Mosaikbild daraus. Das macht müde Beine im Nu wieder fit!

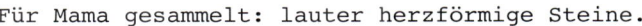

Schlicht und schön: Kieselsteine in kleiner
Porzellanschüssel vom Flohmarkt.

Für Mama gesammelt: lauter herzförmige Steine.

GEBURTSTAGSRINGE ODER -ZÜGE KENNEN ALLE KINDER – ABER HIER WERDEN SIE BAUKLÖTZCHEN STAUNEN, DENN GENAU DIE BEKOMMEN ALS EINZIGARTIGE KERZENSTÄNDER EINE GANZ NEUE AUFGABE. JEDES KIND DARF AN SEINEM GEBURTSTAG SEINE LIEBLINGSKERZENSTÄNDER AUSSUCHEN UND AUF DEN GEBURTSTAGSTISCH STELLEN – FÜR JEDES LEBENSJAHR EINEN. OB ZU EINEM KRANZ ODER EINER SCHLANGE, OB SCHNURGERADE ODER WILD DURCHEINANDER – DAS GEBURTSTAGSKIND DARF ENTSCHEIDEN, UND DAS IST JEDES JAHR AUFS NEUE EINE WUNDERSCHÖNE TRADITION.

Material

- Bauklötzchen aus Holz
- evtl. feines Schleifpapier
- Acrylfarben (für Holz, wasserlöslich)
- Borstenpinsel (für die Grundierung)
- Haarpinsel in verschiedenen Stärken (für die Muster)
- farbloser Sprühlack
- Bohrmaschine
- Holzbohrer, Ø 18 mm
- Schraubzwinge
- Kerzenhalter aus Messing (zum Einsetzen in Geburtstagsringe und Leuchter), Ø außen 17 mm
- Kerzen, Ø 13 mm (z.B. Christbaumkerzen)

Anleitung

1. Falls die Oberfläche der Bauklötzchen sehr speckig oder glatt ist, sollte sie angeraut werden.

2. Löcher für die Kerzenhalter mittig auf den Bauklötzchen anzeichnen. Bauklötzchen mit Schraubzwinge am Tisch oder an der Werkbank befestigen. Löcher für die Kerzenhalter so tief bohren, dass sich diese mühelos einsetzen lassen.

3. Bauklötzchen nach Belieben in verschiedenen Farben grundieren und nach dem Trocknen mit Mustern oder Ornamenten bemalen. Nach dem vollständigen Trocknen mit farblosem Sprühlack behandeln.

4. Kerzenhalter in die Bohrungen einsetzen.

KIDS-Projekt

Einfach goldig

„IST DAS WIRKLICH ECHTES GOLD?" KINDER LIEBEN SCHÄTZE UND SIND FASZINIERT VON ALLEM, WAS KOSTBAR GLÄNZT UND SCHIMMERT. MIT BLATTGOLD ODER BLATTSILBER WERDEN KLEINE FUNDSTÜCKE BUCHSTÄBLICH KINDERLEICHT ZU KOSTBAREN SCHMUCKSTÜCKEN. PROFI-VERGOLDUNGEN ERFORDERN SPEZIELLES WERKZEUG UND VIEL ÜBUNG. MIT DER HIER BESCHRIEBENEN VEREINFACHTEN METHODE IST ES DAGEGEN GAR NICHT SCHWER, KLEINE ODER AUCH GRÖSSERE GEGENSTÄNDE MIT ECHTEM GOLD ODER SILBER ZU ÜBERZIEHEN. VERGOLDEN EIGNET SICH FÜR FAST ALLE FESTEN OBERFLÄCHEN, DIE TROCKEN SOWIE STAUB- UND FETTFREI SIND, ZUM BEISPIEL HOLZ, STEIN, PAPIER, PAPPE, KUNSTSTOFF, GLAS, KERAMIK ODER PORZELLAN.

Material

- Fundholz, Kieselsteine, kleine Spielzeugautos, Kunststofftiere, Puppengeschirr etc.
- Blattgold, Blattsilber oder Schlagmetall (Künstlerbedarf)
- Anlegemittel auf Wasserbasis (Künstlerbedarf)
- großer, weicher Haarpinsel (für das Auftragen des Anlegemittels)
- billiger Rouge- bzw. Puderpinsel (oder ein zweiter, weicher Haarpinsel)
- Wattebausch oder weiches Tuch

Anleitung

1. Die Oberfläche sollte sauber, trocken und fettfrei sein. Falls nötig, den Gegenstand also säubern und abbürsten oder abwaschen.

2. Das Anlegemittel mit einem weichen Pinsel dünn und gleichmäßig auftragen. Man kann den Gegenstand vollflächig einstreichen oder auch mit einem Muster (Streifen, Ornament, Motiv) versehen, das durch das Vergolden sichtbar wird — denn das Blattgold haftet später nur am Anlegemittel. Pinsel sofort nach Gebrauch mit Wasser auswaschen. Bei rundum vergoldeten Gegenständen muss das Anlegemittel in zwei Arbeits- schritten aufgetragen werden: Erst eine Seite ein- streichen und trocknen lassen, dann die zweite Seite einstreichen. Das Vergolden erfolgt später in einem Arbeitsschritt.

3. Nach dem Abwarten der Mindesttrockenzeit mit dem Finger prüfen, ob es wirklich oberflächentrocken und nicht mehr feucht ist.

4. Blattgold (Abziehgold) aus dem Heftchen nehmen, bei Bedarf mit der Schere zuschneiden und mit dem Trägerpapier nach oben fest auf die Oberfläche drücken. Papier vorsichtig abziehen und das Gold nochmals sanft mit dem Puderpinsel antupfen, bis die Konturen des Untergrundes gut zu erkennen sind. Loses Blatt- gold sehr vorsichtig mit dem Puderpinsel entnehmen, möglichst faltenfrei auf die Oberfläche aufbringen und vorsichtig festtupfen.

5. Nach und nach die gesamte Fläche vergolden. Gold- reste abwischen und die Flächen nochmals mit einem Wattebausch vorsichtig nachdrücken. Die Vergoldung mindestens 24 Stunden gut durchtrocknen lassen.

Tipps

Blattgold gibt es in zwei Ausführungen. Entweder liegen die Goldblätter lose (loses Blattgold) oder aufgepresst auf dünnes Seidenpapier (Sturmgold oder Abziehgold) in einem „Goldbüchlein" (Seidenpapierheftchen). Ich empfehle das aufgepresste Gold, da das Arbeiten für Ungeübte damit viel einfacher ist. Mit der Schere können sogar Formen ausgeschnitten werden, während die losen Goldblätter nur mit speziellem Werkzeug zugeschnitten werden können und beim leisesten Windhauch oder Atemzug davonfliegen.

Es gibt neben dem echten Blattgold oder Blattsilber mit unterschiedlichem Feingehalt des Edelmetalls auch silber- oder goldfarbenes Schlagmetall. Dieses ist wesentlich preiswerter und eignet sich ebenso gut für dieses Projekt.

Kindergeburtstag

Kommt garantiert gut an: Schöne, runde Kiesel vergolden und bei der Schatzsuche als „echte Goldnuggets" einzeln verstecken. Die Kinder dürfen sie suchen und mit nach Hause nehmen. Programmpunkt für größere Kinder: Sie suchen erst in der Natur einen Stein, ein Holzstück, eine Nuss o.Ä., die sie anschließend selbst vergolden dürfen.

EINES DER ÄLTESTEN KINDERSPIELZEUGE DER WELT IST IN DEN LETZTEN JAHREN IN SKANDINAVIEN WIEDER RICHTIG IN MODE GEKOMMEN. SOGAR TEENIES NÄHEN SICH IHRE GANZ INDIVIDUELLEN STECKENPFERDE UND TREFFEN SICH DANN DRAUSSEN, UM GEMEINSAM ZU GALOPPIEREN ODER ÜBER HINDERNISSE ZU SPRINGEN. MANCHE BESITZEN SOGAR EINEN GANZEN „REITSTALL" DAVON! ALS PFIFFIGE ZIMMERDEKO SIND DIESE PFERDCHEN NATÜRLICH AUCH GEEIGNET.

DIESE LUSTIGEN DREI HABEN MEINE ZWEI NICHTEN, NÄH- UND REITBEGEISTERTE TEENIES, SELBST ENTWICKELT. DIE JEANSVARIANTE WIRD OHNE SCHNITTMUSTER EINFACH AUS EINEM HOSENBEIN GENÄHT, DAS IN GEFÜLLTEM ZUSTAND DURCH HANDNÄHTE IN FORM GEBRACHT WIRD. DAS GIBT JEDEM STECKENPFERDCHEN EIN GANZ INDIVIDUELLES AUSSEHEN UND LÄSST DEM „BESITZER" VIEL RAUM FÜR EIGENE KREATIVITÄT.

Material

- Jeanshosenbein
- Jerseystoff, hautfarben, beige oder hellbraun, ca. 60 x 20 cm
- Stoffrest für die Ohren
- schwarzes und weißes Wollgarn für die Augen
- Jerseyreste (z.B. ein altes T-Shirt) oder dickes Wollgarn für die Mähne
- dunkelblaues Nähgarn
- festes Garn oder Kordel
- Handnähnadel
- Füllwatte
- Besenstiel

Zuschnitt

Hosenbein 45 cm über dem Hosensaum abschneiden (Zeichnung a).
Umfang der Schnittöffnung messen.
Aus dem Jerseyrest ein Rechteck ausschneiden —
die Breite entspricht dem am Hosenbein gemessenen
Umfang, die Höhe beträgt 15 cm.

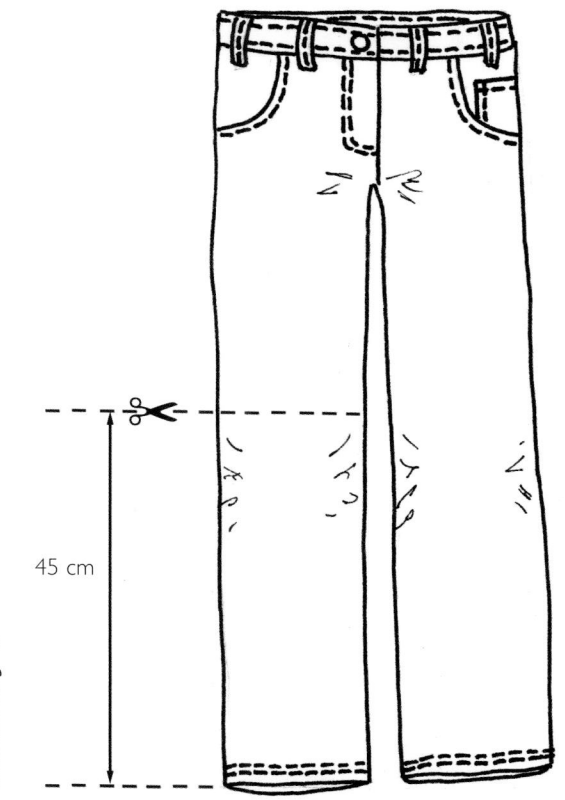

45 cm

Zeichnung a

Schnittteil Ohr 4 x mit 1 cm Nahtzugabe aus Jeans ausschneiden, Schnittteil Innenohr 2 x ohne Nahtzugabe aus dem Stoffrest ausschneiden (Zeichnung b).

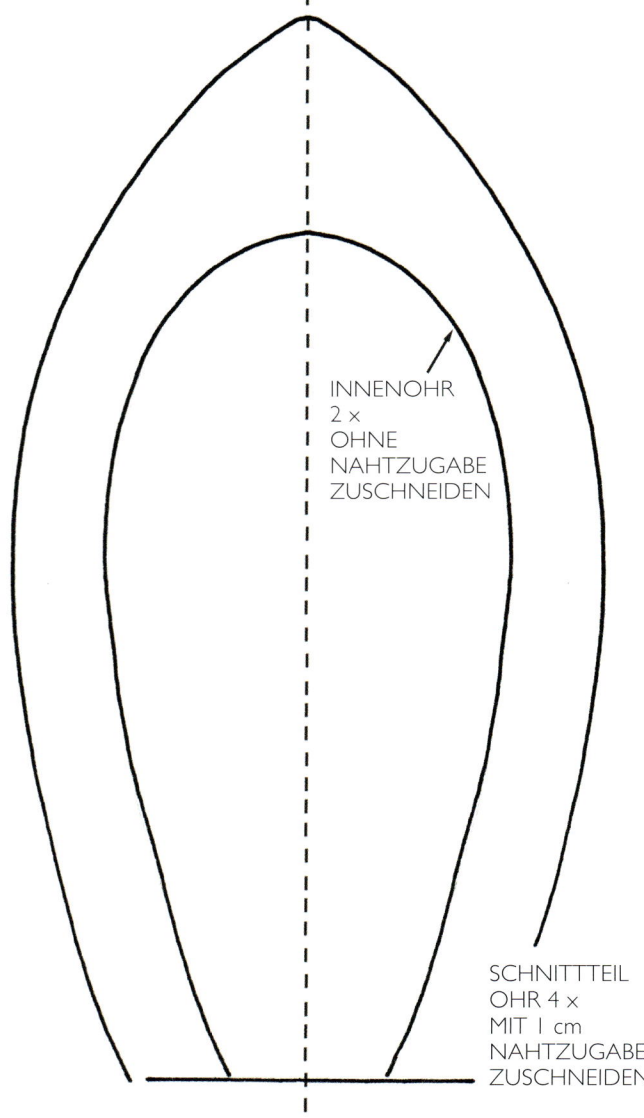

INNENOHR
2 x
OHNE
NAHTZUGABE
ZUSCHNEIDEN

SCHNITTTEIL
OHR 4 x
MIT 1 cm
NAHTZUGABE
ZUSCHNEIDEN

Zeichnung b

Nahtzugaben

Wo erforderlich, ist in den Maßen 1 cm Nahtzugabe enthalten.

Nähanleitung

1. Den Jerseystoff rechts auf rechts zusammenklappen und zu einem Schlauch zusammensteppen.

2. Den Jerseyschlauch rechts auf rechts auf das Hosenbein ziehen, offene Stoffkanten aufeinanderheften und zusammensteppen. Die offene Jerseykante von links mit einem festen Faden oder einem Stück Kordel zusammenbinden. Pferdekopf auf rechts wenden.

3. Schnittteile Innenohr auf die rechten Stoffseiten der beiden vorderen Ohrteile steppen.

4. Schnittteile vorderes und rückwärtiges Ohr je rechts auf rechts zusammenlegen, heften und bis auf die untere Kante zusammensteppen. Ohren auf rechts wenden und mit Füllwatte ausstopfen. Untere Kanten nach innen einklappen und von Hand schließen.

5. Pferdekopf fest mit Füllwatte ausstopfen. Kopf durch einen handgenähten Abnäher am unteren Hals in Form bringen (Zeichnung c) — zunächst mit Hilfe von Stecknadeln abstecken, dann Abnäher mit kleinen Handstichen schließen. Ohren von Hand mit kleinen Stichen annähen.

6. Jerseystreifen mittig mit Handstichen als Mähne und Stirnlocke annähen (Zeichnung d). Augen und Nüstern von Hand aufsticken (Zeichnung e)

7. Besenstiel so weit wie möglich in den Pferdekopf stecken. Hosenbein fest mit Garn oder Kordel um den Stiel festbinden (mehrfach umwickeln) und verknoten.

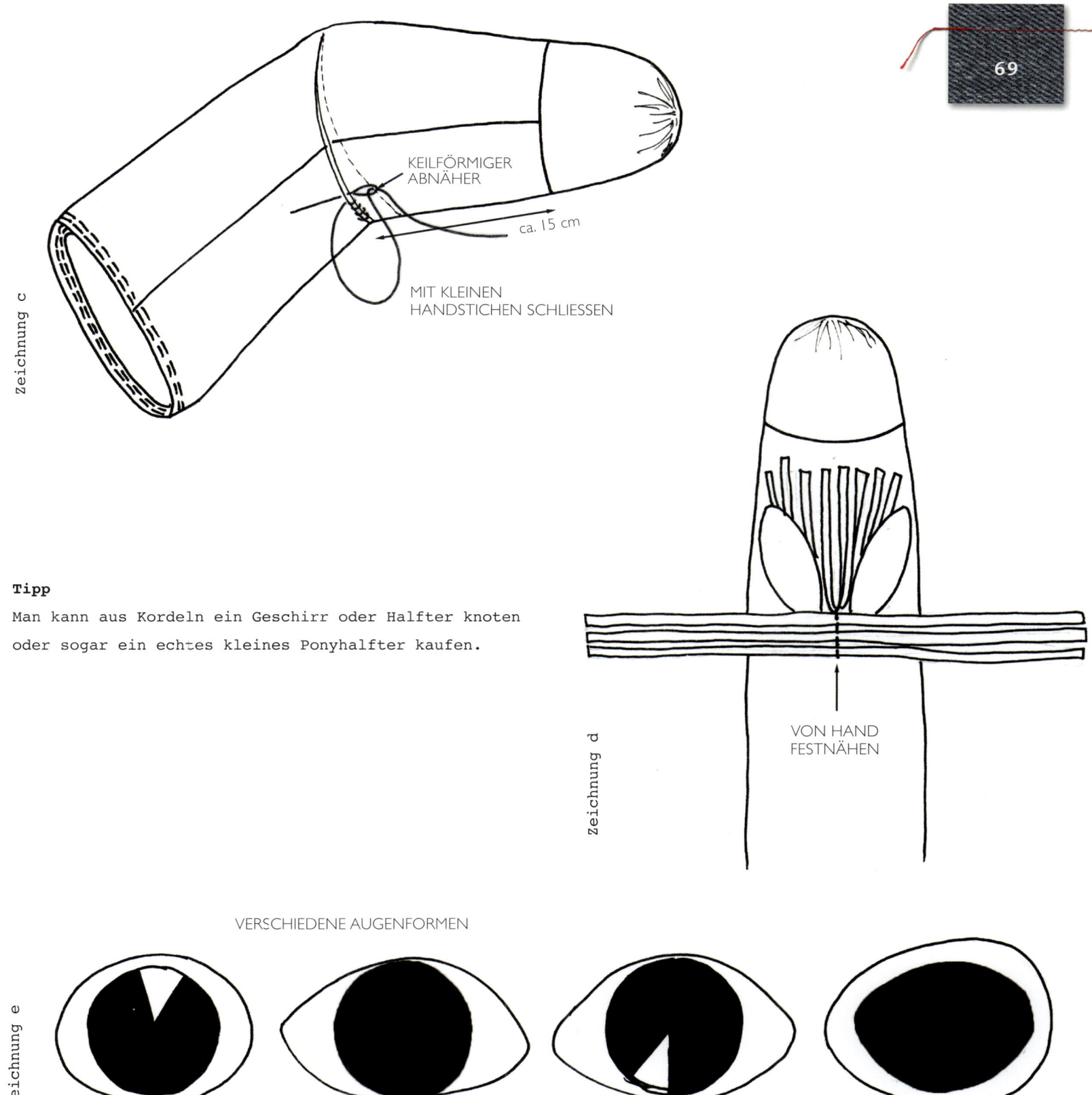

Zeichnung c

KEILFÖRMIGER
ABNÄHER

ca. 15 cm

MIT KLEINEN
HANDSTICHEN SCHLIESSEN

Tipp

Man kann aus Kordeln ein Geschirr oder Halfter knoten
oder sogar ein echtes kleines Ponyhalfter kaufen.

Zeichnung d

VON HAND
FESTNÄHEN

VERSCHIEDENE AUGENFORMEN

Zeichnung e

DER PRAKTISCHE WERKZEUGGÜRTEL FÜR KLEINE HANDWERKER ENTSTEHT FAST IM HANDUMDREHEN. KAUM ZU GLAUBEN, DASS MAN DAZU NUR EINE AUSGEDIENTE KINDERJEANS BENÖTIGT.

Material

- Kinderjeans, Bundweite etwas größer als die des Kindes (am besten mit großen, aufgesetzten Gesäß-taschen)
- farblich passendes Nähgarn
- Karabiner

Nähanleitung

1. Den Hosenbund und die Gesäßtaschen von der Kinder-jeans abschneiden (siehe Zeichnung). Darauf achten, dass auch die Gürtelschlaufen erhalten bleiben. (Gürtelschlaufen gegebenenfalls abtrennen, wenn sie nochmals unterhalb des Bundes an der Hose festgenäht sein sollten.)

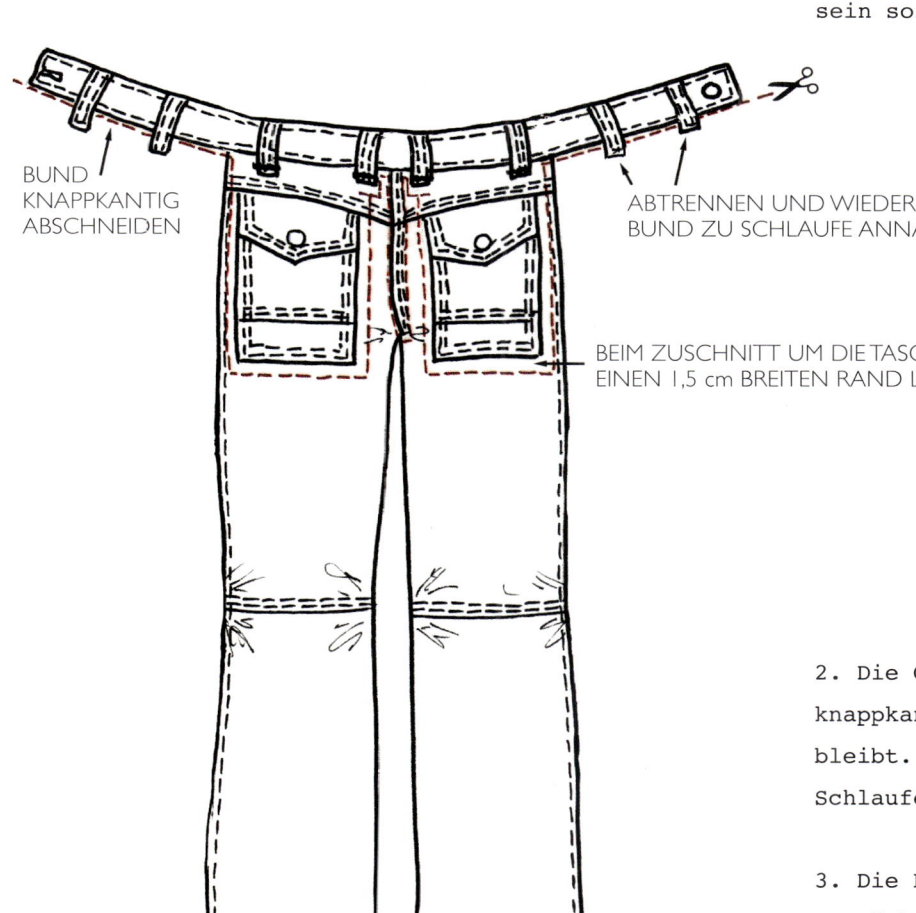

BUND KNAPPKANTIG ABSCHNEIDEN

ABTRENNEN UND WIEDER AM BUND ZU SCHLAUFE ANNÄHEN

BEIM ZUSCHNITT UM DIE TASCHEN EINEN 1,5 cm BREITEN RAND LASSEN

2. Die Gesäßnaht nicht abschneiden, sondern ebenfalls knappkantig ausschneiden, so dass sie am Bund hängen bleibt. Gesäßnaht nach oben klappen und am Bund als Schlaufe (für den Hammer) feststeppen.

3. Die Ränder an den Taschen mit Zickzackstich versäubern, auf links umklappen und feststeppen.

4. Karabiner in die Gürtelschlaufen einziehen.

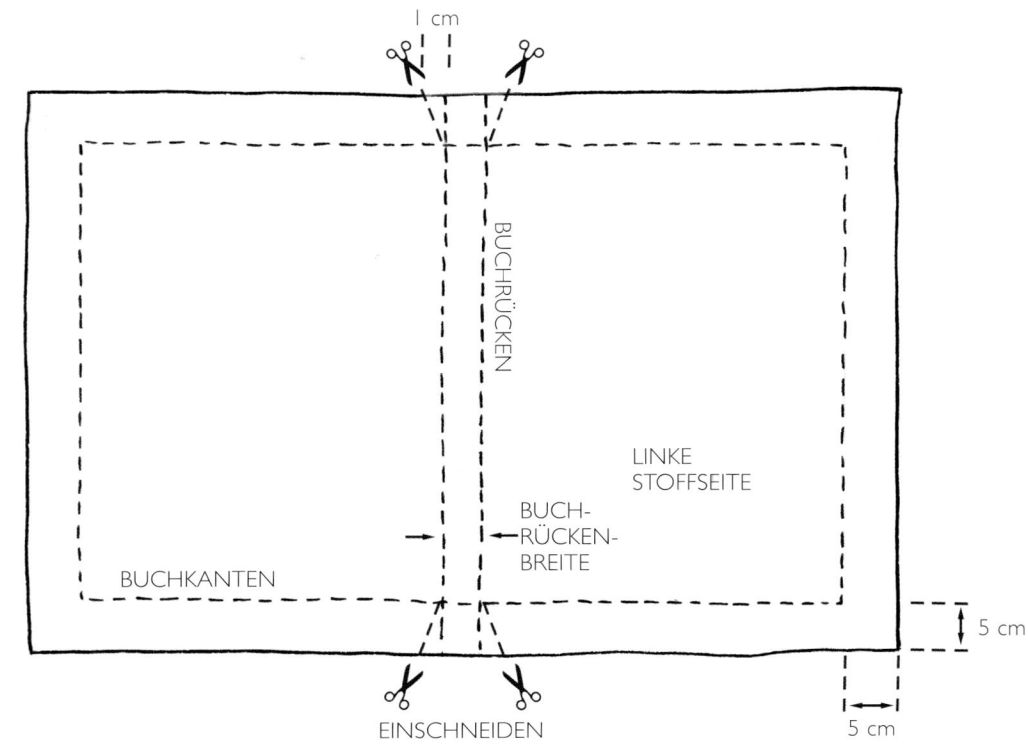

In Jeans gebunden

JEANSSTOFF EIGNET SICH HERVORRAGEND ALS EINBAND FÜR EIN SKIZZEN-TAGEBUCH ODER DAS KINDER-KUNSTBUCH VON SEITE 24. LUSTIGE DETAILS WIE SCHON VORHANDENE NÄHTE, DIE AUFGESTEPPTE KLEINE TASCHE, EIN BUNTER KNOPF ODER EINE NAMENSSTICKEREI MACHEN DAS BUCH ZU EINEM UNIKAT, DAS SICH AUCH SEHR GUT ALS GESCHENK EIGNET.

Größe

Wird passend zum Buch errechnet.

Material

- Jeansstoff (z.B. aufgeschnittenes Hosenbein)
- evtl. Zickzackschere
- farblich passendes Nähgarn
- Klebestift
- dickes Nähgarn für Namensstickerei
- kleine, aus Jeanshose ausgeschnittene Tasche
- bunte Knöpfe oder Buttons

Zuschnitt

Höhe = Buchhöhe + 10 cm

Breite = Buchbreite x 2 + Buchrückenbreite + 10 cm

Nähanleitung

1. Schneiden Sie den Stoff passend zu.

2. Buchrücken und Buchkanten anzeichnen (Zeichnung a) Den Einband auf der Vorderseite verzieren: z.B. eine kleine Tasche mit ca. 1 cm Zugabe rundum ausschneiden und aufnähen, einen Namenszug mit Markierstift an-

Zeichnung a

1 cm

BUCHRÜCKEN

LINKE STOFFSEITE

BUCH-RÜCKEN-BREITE

BUCHKANTEN

5 cm

5 cm

EINSCHNEIDEN

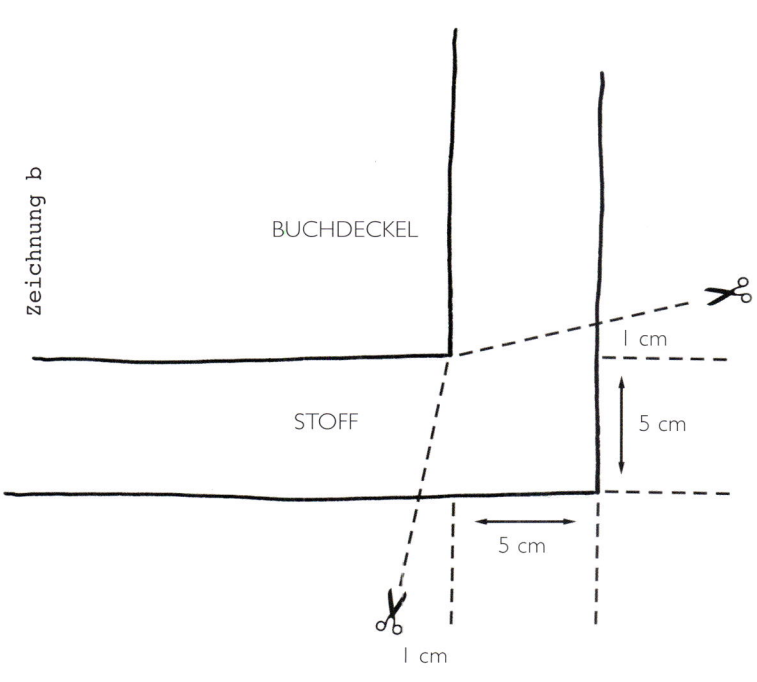

zeichnung b

BUCHDECKEL

STOFF

1 cm

5 cm

5 cm

1 cm

zeichnen und mehrfach lässig mit Geradstich und dickem Nähgarn nachsteppen. Hübsch sind auch aufgesteppte Zierbänder oder Applikationen.

3. Die Aussparung für den Buchrücken einschneiden (Zeichnung a). Auf links umklappen und umbügeln, auf 1 cm Länge zurückschneiden und knappkantig feststeppen.

4. Den hinteren Buchdeckel dick mit Klebestift einstreichen. Das Buch auf den Einband legen und den Einband glatt streichen. Buchrücken mit Klebestift einstreichen, den Einband sorgfältig ankleben, dabei auch in die Vertiefungen drücken. Zuletzt den vorderen Buchdeckel einstreichen und den Einband darauf glatt ankleben. Buch zuklappen, nochmals nachprüfen, ob der Stoff überall faltenfrei und spannungsfrei anklebt.

5. Zum Schluss die Ecken einschneiden, mit Klebestift einstreichen, einklappen und festkleben (Zeichnung b).

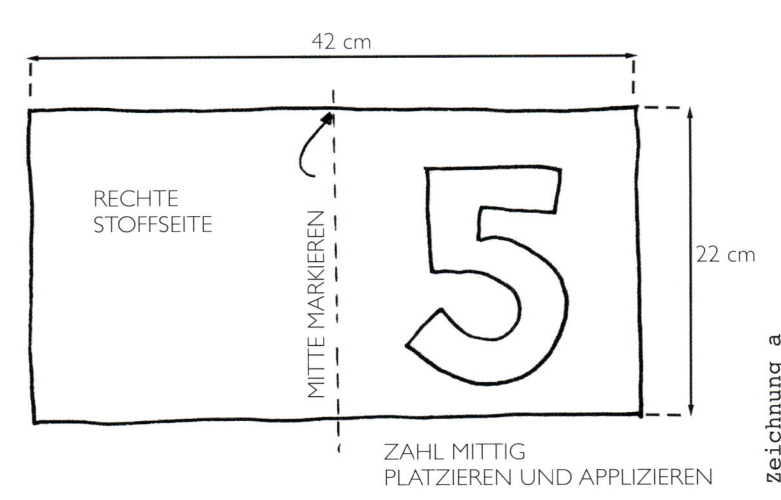

42 cm

RECHTE STOFFSEITE

MITTE MARKIEREN

5

22 cm

ZAHL MITTIG PLATZIEREN UND APPLIZIEREN

Zeichnung a

MITTEN-MARKIERUNG

AUF SEITENNAHT KLAPPEN

APPLIKATION LIEGT INNEN

LINKE STOFFSEITE

STEPPEN

SEITENNAHT

STEPPEN

UNTERE KANTE

Zeichnung b

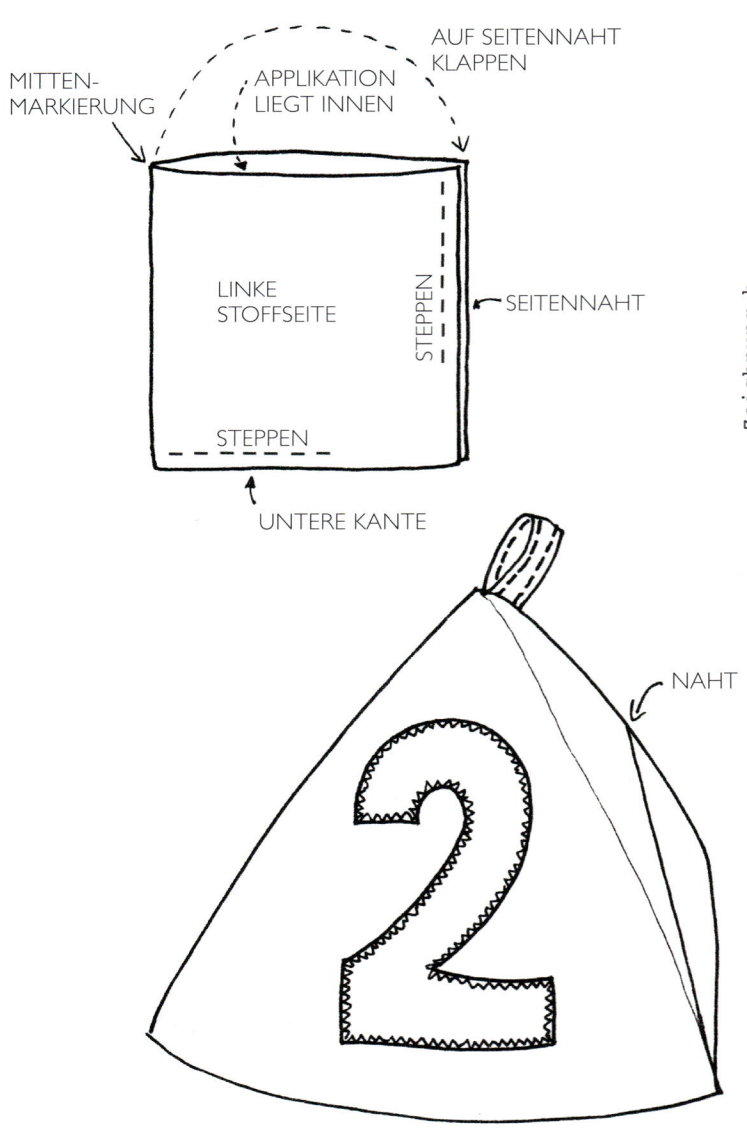

NAHT

2

74

DIESES EINFACHE SPIEL GEFÄLLT GROSSEN UND KLEINEN LEUTEN: STELLEN SIE DIE SÄCKCHEN SO AUF, DASS DIE GRÖSSTE ZAHL AM SCHWIERIGSTEN ZU TREFFEN IST. JEDER SPIELTEILNEHMER HAT PRO SPIELDURCH-GANG DREI WÜRFE. ER VERSUCHT, MIT EINEM KLEINEN BALL DIE SÄCKCHEN ZU TREFFEN UND DABEI MÖG-LICHST VIELE PUNKTE ZU SAMMELN. SIEGER IST, WER NACH FÜNF DURCHGÄNGEN DIE MEISTEN PUNKTE HAT.

SPIELVARIANTE: JEDER TEILNEHMER WÄHLT EIN SÄCKCHEN AUS. DER BALL WIRD WIE BEIM BOCCIA IN EINIGE METER ENTFERNUNG GEWORFEN. SIEGER IST, WEM ES GELINGT SEIN SÄCKCHEN DEM BALL AM NÄCHSTEN ZU PLATZIEREN.

Größe

20 x 20 cm

Material

• Jeanshose oder Jeansstoffreste
• bunte Stoffreste für die Zahlenapplikationen
• beidseitig aufbügelbare Vlieseinlage
• 6 abgeschnittene Gürtelschlaufen oder Webband
  als Laschen
• Nähgarn, dunkelblau und, falls vorhanden, passend
  zu den Applikationsstoffen
• Reis oder Füllgranulat

Zuschnitt

6 Stoffstücke à 42 x 22 cm

Nahtzugaben

In den Maßen ist 1 cm Nahtzugabe enthalten.

Nähanleitung

1. Vlieseinlage linksseitig auf die Applikationsstoffe aufbügeln. Die Zahlen auf die Stoffstücke übertragen (mit Markierstift auf den Stoff oder spiegelverkehrt auf das Papier der Vlieseinlage) und ausschneiden.

2. Die Zahlen (siehe Anhang) auf die rechte Seite der sechs zugeschnittenen Stoffstücke aufbügeln (Zeichnung a) und mit Zickzackstich (evtl. farblich passend zum Applikationsstoff) applizieren. Die Mitte markieren.

3. Die Stoffstücke rechts auf rechts auf die Hälfte zusammenklappen, Seitennähte und untere Kanten heften und zusammensteppen (Zeichnung b).

4. Die oberen Kanten so umklappen und aufeinander-legen, dass die Mittenmarkierung auf der Seitennaht liegt (Zeichnung b). Die Gürtelschlaufe als Lasche in die Naht legen, die Schlaufe liegt innen. Die Kante heften, dabei die Lasche mit feststeppen und bis auf eine 5 cm große Wendeöffnung in der Mitte der Naht zu-sammensteppen.

5. Säckchen auf rechts wenden und mit Reis befüllen. Wendeöffnung mit feinen Handstichen schließen.

Tipp

Als Ball eignen sich kleine, schwere Bälle, die nicht zu sehr hüpfen, z.B. ein Golfball oder ein echter Baseball. Ein Tennisball geht aber auch.

DIESER RUGBYBALL EIGNET SICH NICHT NUR FÜR WILDE SPIELE DRAUSSEN, SONDERN AUCH FÜR EINE SANFTERE SPIELVERSION DRINNEN. DA ER WEICH GEFÜLLT IST, MACHT ES NICHTS AUS, WENN DER FÄNGER MAL NICHT AUFPASST! DIE WERTVOLLE VON UROMA GEERBTE PORZELLANVASE WÜRDE ICH DENNOCH LIEBER ZUR SEITE RÄUMEN …!

Größe

Länge ca. 35 cm, Durchmesser ca. 18 cm

Material

- Jeansstoffreste
- dunkelblaues Nähgarn
- weiche Füllwatte, Füllflocken oder Softgranulat

Zuschnitt

Ballsegment (Schnittzeichnung im Anhang) 5 x

Nahtzugaben

Schnittteile bitte mit 1 cm Nahtzugabe zuschneiden.

Nähanleitung

1. Die Segmente 1 und 2 links auf links legen, an einer langen Kante heften und von Spitze zu Spitze zusammensteppen.

2. Nachfolgend alle Segmente der Reihe nach immer links auf links gelegt aneinandersteppen. Mit der letzten Naht die Segmente 1 und 5 zusammensteppen, so dass die Ballform erkennbar wird. An dieser Naht eine ca. 12 cm lange Füllöffnung lassen.

3. Den Rugbyball fest mit Füllwatte, Füllflocken oder Softgranulat ausstopfen. Die Öffnung mit Steppnaht schließen.

MÜTZE, SCHAL, KAPUZENPULLI: AUS RINGELSOCKEN ODER STRUMPFHOSEN LÄSST SICH EINE GANZE GARDEROBE FÜR TEDDYS UND ANDERE LIEBLINGE SCHNEIDERN, BESSER NOCH: SCHNEIDEN, DENN FÜR DIESES PROJEKT BRAUCHT ES NUR EIN PAAR ALTE SOCKEN, EINE SCHERE UND LUSTIGE EINFÄLLE.

Anleitung

Strumpfhose oder Socken in passender Länge abschneiden und Löcher für Teddys Ohren oder Arme schneiden. Der Kapuzenpullover entsteht aus einem Stück mit Ferse, hier eignet sich eine Sneakersocke ohne Bund am besten. Noch netter wird die Garderobe mit einigen von Hand aufgenähten Applikationen.

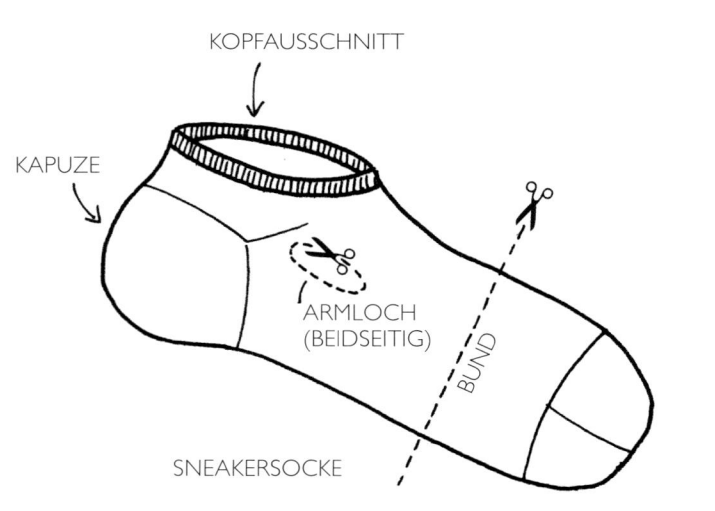

KOPFAUSSCHNITT

KAPUZE

ARMLOCH (BEIDSEITIG)

BUND

SNEAKERSOCKE

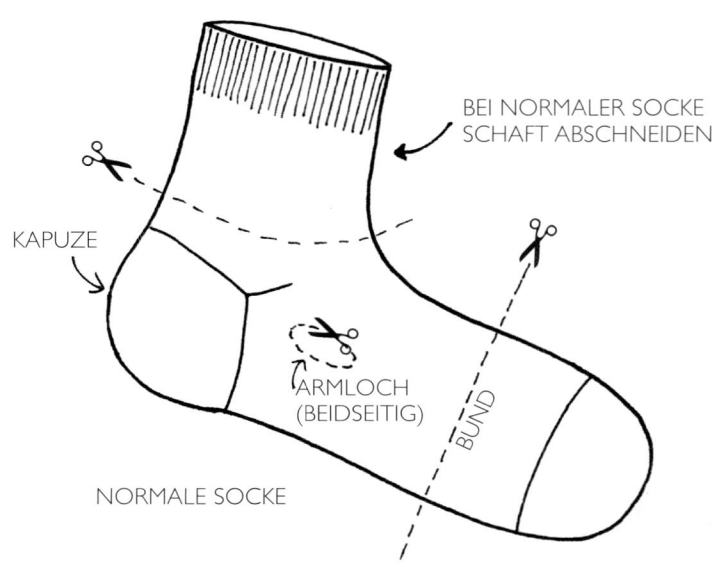

BEI NORMALER SOCKE SCHAFT ABSCHNEIDEN

KAPUZE

ARMLOCH (BEIDSEITIG)

BUND

NORMALE SOCKE

DIE LUSTIGEN FLIEGER SIND EIN TOLLES BEISPIEL DAFÜR, WAS KINDER GANZ OHNE VORGABEN ENTWICKELN KÖNNEN, WENN SIE DER EIGENEN FANTASIE FOLGEN. SAMMELN SIE IN EINER „ERFINDERKISTE" ALLES, WAS DER ALLTAG AN NOCH VERWERTBAREM HERGIBT – HOLZSTIELE VOM EIS, KNÖPFE, PAPPEN, KRONKORKEN, JOGHURTBECHER, BESONDERE VERPACKUNGEN, DRAHTSTÜCKE, GUMMIS, MUTTERN, SCHRAUBEN ETC. DANN STELLEN SIE IHREN WERKZEUGKASTEN DAZU UND LASSEN DIE KLEINEN ERFINDER EINFACH MAL MACHEN …!

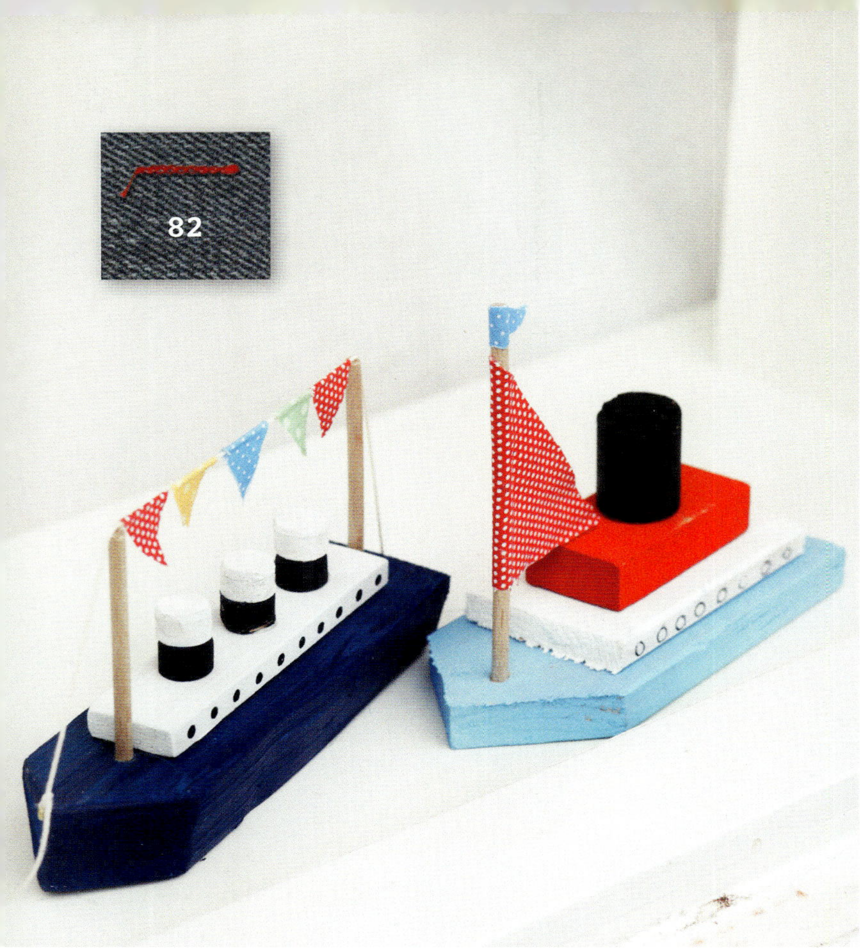

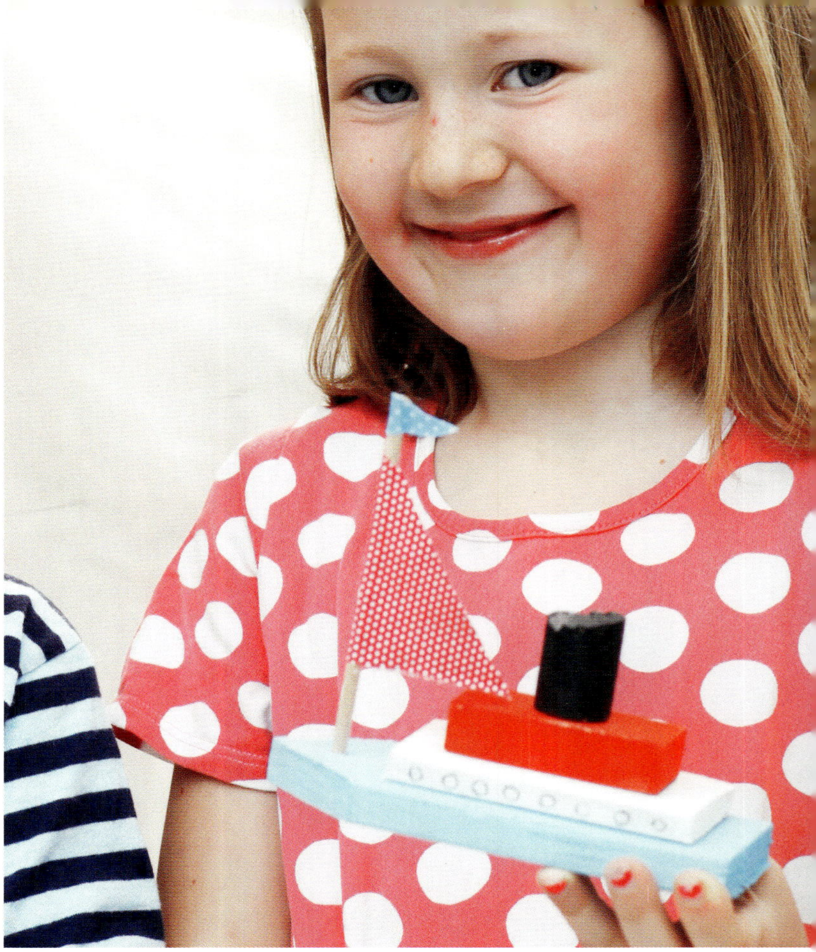

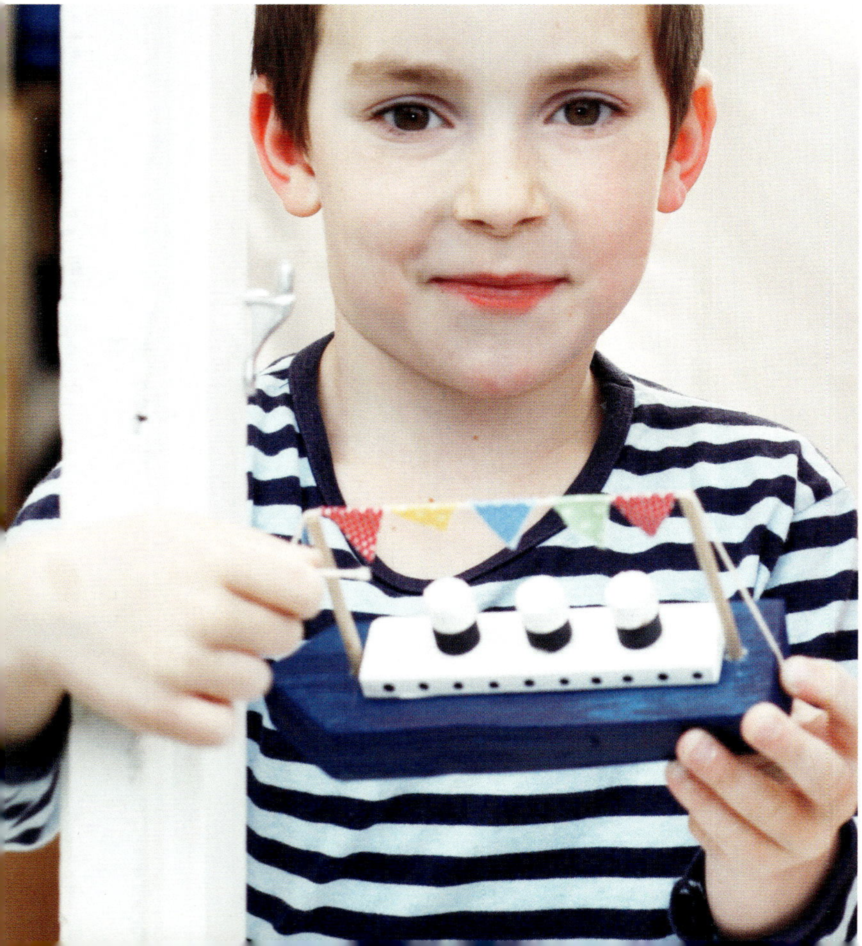

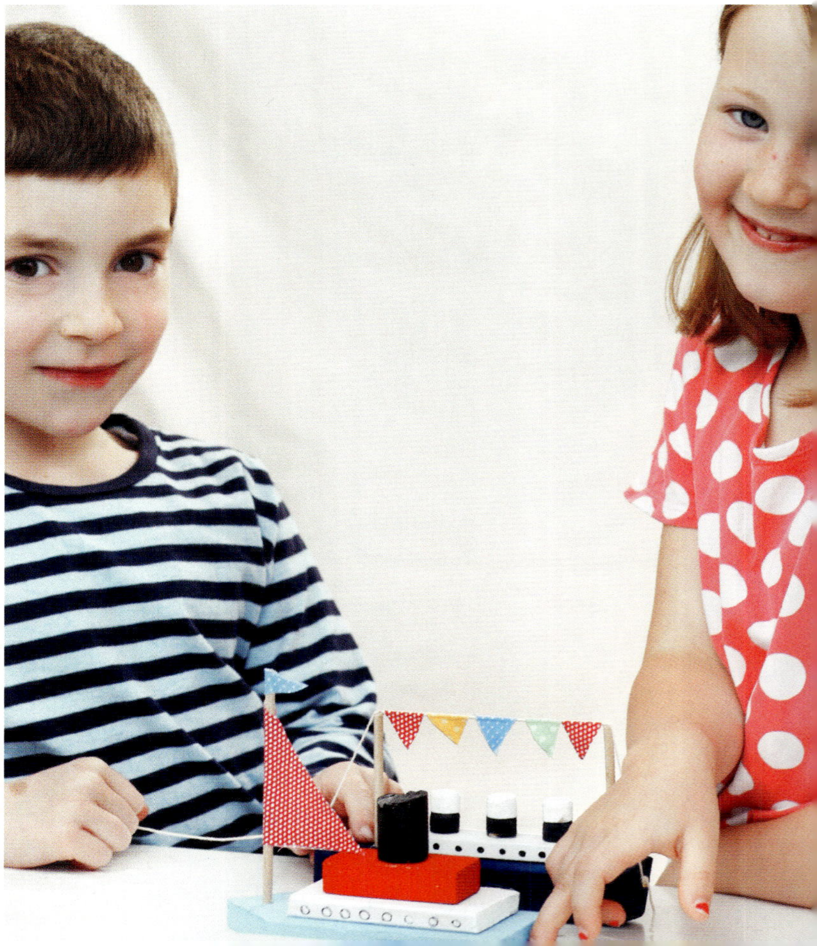

WIE VIEL KREATIVES POTENZIAL STECKT IN EINER KISTE VOLLER HOLZRESTE? PROBIEREN SIE ES AUS, AM BESTEN MIT DER GANZEN FAMILIE. BESTIMMT WERDEN SIE FESTSTELLEN, DASS ES UNHEIMLICH VIEL SPASS MACHT, SICH SEIN EIGENES „TRAUMSCHIFF" (ODER AUTO, HAUS, FANTASIEOBJEKT) ZU BAUEN UND DABEI VIELLEICHT AUCH AUF GANZ ANDERE, NEUE IDEEN ZU KOMMEN.

Material

- unterschiedliche Holzreste
- Astlochdübel oder Rundholzabschnitte
- Holzstäbe, Ø ca. 5 mm
- Stoffreste
- Kordel oder Paketschnur
- wasserlösliche Acrylfarben
- Borstenpinsel in verschiedenen Stärken
- schwarzer, wasserfester Stift
- Klebstoff oder Heißkleber
- Feinsäge, wenn vorhanden mit Gehrungslade
- Bohrmaschine mit Holzbohrer (Durchmesser wie Holzstäbe)
- evtl. Schleifpapier

Anleitung

1. Wenn die Oberfläche der Holzreste zu rau ist oder eine sehr glatte alte Lackschicht hat, empfiehlt es sich, sie mit feinem Schleifpapier leicht anzurauen.

2. Aus unterschiedlichen Holzresten das eigene Traumschiff zusammenstellen. Wenn kein geeignetes Rumpfstück vorhanden ist, wird ein Holzbrett vorne schräg zugesägt.

3. Die einzelnen Bauteile mit Acrylfarbe streichen und nach dem vollständigen Trocknen mit Klebstoff oder mit der Heißklebepistole zusammenkleben.

4. Anzahl, Position und Höhe der Masten festlegen. Holzstäbchen für die Masten zusägen und in vorgebohrte Löcher kleben. Holzdübel oder Rundholzabschnitte als Schornsteine befestigen und die Bullaugen mit wasserfestem Stift aufmalen.

5. Wimpel oder Segel aus Stoffresten zuschneiden und um Schnur oder Masten kleben.

Buddelschiff

Ein ganz besonders kleines Schiffchen in ein mit Sand, Muscheln und Kieselsteinen gefülltes Weck- oder Marmeladenglas stellen. Deckel aufschrauben — und fertig ist ein tolles Buddelschiff.

AUGEN AUF BEIM TRÖDLER ODER AUF DEM FLOHMARKT! ALTE KARTEIKÄSTEN AUS HOLZ EIGNEN SICH HERVORRAGEND ALS SCHÖNE AUFBEWAHRUNGSBOXEN FÜR KLEINIGKEITEN – ZUM BEISPIEL WIE HIER FÜR NÄHUTENSILIEN UND STOFFSTÜCKE. PASSEND DAZU BRINGT EIN SELBST GEBAUTER GARNROLLENHALTER ORDNUNG IN DIE VIELEN BUNTEN RÖLLCHEN.

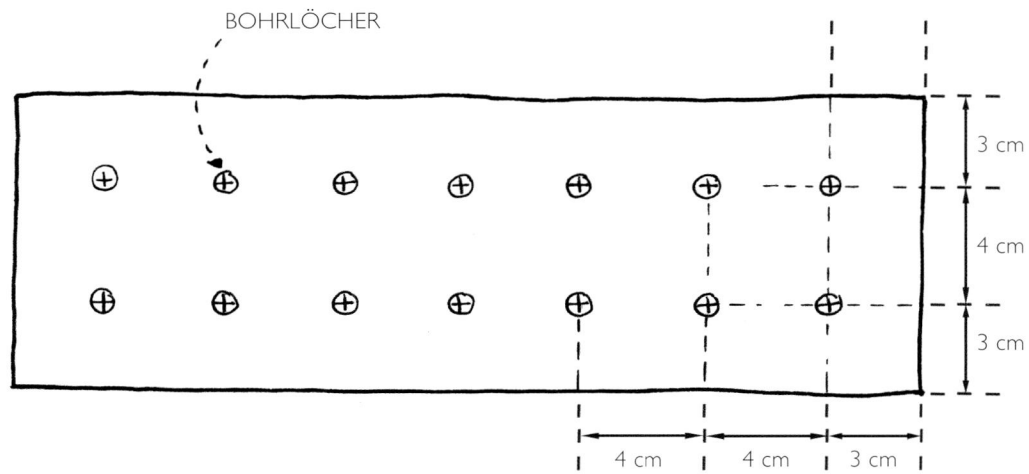

BOHRLÖCHER

3 cm

4 cm

3 cm

4 cm   4 cm   3 cm

Material für Garnrollenhalter

• Multiplex-Platte 30 x 10 cm, Stärke 20 mm (Baumarkt)
• 14 Holzstäbe, Ø ca. 4 mm, Länge 8 cm
• Schleifpapier
• Holzwachs oder Holzöl
• Bohrmaschine mit Holzbohrer (Durchmesser wie Holzstäbe)
• Holzleim
• dünner Filz oder Stoffrest 30 cm x 10 cm (alternativ Möbelfilze)
• flüssiger Alleskleber

Anleitung

Die oberen Kanten der Holzstäbe sowie Kanten und Oberfläche der Holzplatte abrunden bzw. glätten und mit Öl oder Wachs behandeln. 1 cm tiefe Löcher für die Holzstäbe bohren (siehe Zeichnung) und die Stäbe mit Holzleim hineinkleben. Gut trocknen lassen. Zum Schluss Filz, Stoff oder Möbelfilze auf die Unterseite der Holzplatte kleben, damit es keine Kratzer gibt.

KINDER LIEBEN ES, IHREN NAMEN GESCHRIEBEN ZU SEHEN, UND SPIELEN GERNE MIT DEN BUCHSTABEN. WER WEISS NICHT, WIE SICH DER EIGENE NAME RÜCKWÄRTS GELESEN ANHÖRT? MIT DIESEN SCHÖNEN, GROSSEN HOLZBUCHSTABEN KANN MAN EXPERIMENTIEREN – UND DEN BESTEN FREUNDEN MIT IHREM NAMEN AUS HOLZ EINE GEBURTSTAGSFREUDE MACHEN.

Größe

ca. 13 cm hoch und 5 cm tief

Material

- Holzbrett, 5 cm dick
- dicker, weicher Bleistift (Zimmermannsbleistift aus dem Baumarkt)
- Stichsäge oder Bandsäge (nur mit einem Erwachsenen zusammen benutzen!)
- Schleifpapier
- Feile
- Bohrmaschine mit Holzbohrer (Ø 12 mm)

Anleitung

Buchstaben mit Bleistift auf das Brett zeichnen. Zuerst die kleinen Löcher bohren (bei A, B, P und R), dann die Formen mit der Stichsäge aussägen. Oberflächen und Kanten glatt schleifen.

Tipp

Besonders schön sehen die Buchstaben aus, wenn man Bretter aus Laubhölzern wie Eiche, Buche, Birke, Ahorn oder Kirsche verwendet. Fragen Sie bei einem netten Schreiner in der Nähe nach Holz- oder Parkettresten! Manchmal finden sich tolle Schätze, die man kreativ weiterverarbeiten kann. Sammeln Sie für die Kinder in einer eigenen Kiste Holzreste, mit denen sie machen dürfen, was sie wollen. Wenn Sie dann noch eine kindgerechte Säge, einen Hammer, Nägel und Handbohrer, Holzleim, Feile etc. dazulegen und zeigen, wie man damit richtig und sicher hantiert, werden Sie staunen, was entsteht.

KLEINE FREUNDE KANN MAN NIE GENUG HABEN ! SUPER GEEIGNET FÜR ABSOLUTE NÄHANFÄNGER/-INNEN SIND DIESE LUSTIGEN JEANSMONSTER, DIE AUS HOSENBEINEN GENÄHT WERDEN UND EIN INNENLEBEN AUS GANZ WEICHER FÜLLWATTE HABEN.

Größe

hier: 14 x 14 cm und 25 x 14 cm (Breite = Hosen-beinweite)

Material

• Bein einer Kinderjeans
• Stoffstreifen aus Jersey (z.B. aus altem T-Shirt), am besten gestreift
• 2 Knöpfe für jedes Monster
• dunkelblaues Nähçarn
• weiche Füllwatte oder Füllflocken

Nahtzugaben

In den Maßen ist 1 cm Nahtzugabe enthalten.

Nähanleitung

1. Beide Hosenbeine unterschiedlich hoch abschneiden (hier sind es 15 cm und 26 cm). Die Saumnähte der Hosenbeine bleiben erhalten.

2. Den Beinabschnitt auf links wenden. Die obere Kante heften, dabei zwei Stoffstreifen aus dem Jersey-stoff als Ohren in die Naht mit einlegen. Die Schlaufen liegen nach innen zwischen den Stoffschichten. Kanten aufeinandersteppen. Auf rechts wenden.

3. Das Jeansmonster mit Füllwatte füllen. Die untere Naht von rechts heften, dabei zwei lange Streifen aus Jersey in die Naht mit einlegen. Naht knappkantig von rechts steppen und in jedes Streifenende einen Knoten machen.

4. Zum Schluss zwei große Knöpfe als Augen annähen.

KIDS-Projekt

Toll gerollt

AUF DIE IDEE MIT DEM UNTERSETZER HAT MICH MEINE TOCHTER GEBRACHT, DIE IN MEINEM ATELIER MIT STOFFSTREIFEN AUS DER RESTEKISTE SPIELTE UND SCHNECKEN DARAUS DREHTE. SO FAND SICH GANZ NEBENBEI EINE VERWENDUNG FÜR DIE DICKEN SEITENNÄHTE DER VIELEN JEANS, DIE ICH FÜR DIESES BUCH-PROJEKT VERSCHNITTEN UND VERNÄHT HATTE. DIE VERSCHIEDENEN BLAUTÖNE DER JEANS ERGEBEN EINE SO SCHÖNE STRUKTUR, DASS MAN DEN UNTERSETZER AUCH ALS DEKORATION VERWENDEN KANN.

Größe

Durchmesser 20 cm, Höhe ca. 1 cm

Material

- 8 Seitennähte von Jeanshosenbeinen
- tropffreier Klebstoff

Anleitung

Jeansnähte sauber entlang der Kanten ausschneiden. Einen Streifen einseitig mit Klebstoff bestreichen und zu einer Schnecke zusammenkleben. Die nächsten Streifen einfach so lange ansetzen, bis der gewünschte Durchmesser erreicht ist. Eine Schlaufe aus einem Stück Jeansband formen, unter das Ende des letzten Streifens legen und fest verkleben. Heraushängende Fädchen mit der Schere abschneiden.

Man kann auch mehrere kleine Schnecken herstellen und zu einer großen Fläche zusammenkleben. Ein tolles Projekt, aus dem noch viel mehr Ideen entstehen kön-nen — Glasuntersetzer, Tischschmuck, Serviettenringe, Wandobjekte usw.

Tipp

Wer keine Jeansreste hat, schneidet 1 cm breite Stoffstreifen aus gekauftem Jeansstoff oder Filz zu. Hier ist allerdings beim Zuschneiden und Kleben weitaus mehr Geduld gefragt, denn je dünner der Stoff ist, desto länger dauert die Arbeit.

EIN TOLLES PROJEKT FÜR BESTE FREUNDE UND FREUNDINNEN UND EINE GUTE MÖGLICHKEIT, ALLE KLEINEN RESTE ZU VERWERTEN, DIE SICH IM NÄHKORB ANGESAMMELT HABEN. DIE FREUNDSCHAFTSBÄNDER AUS JEANSRESTEN SIND JNKOMPLIZIERT UND SCHNELL GEMACHT UND SEHEN SO COOL AUS, DASS MAN SICH VOR ANFRAGEN GAR NICHT RETTEN KANN. ALSO LIEBER GLEICH DEN GANZEN FREUNDESKREIS DAMIT AUSSTATTEN !

Material

- abgeschnittene Hosenbeinnähte von Jeans
- abgeschnittene Säume von Jeans
- abgeschnittene Hosenbundstücke
- in Streifen geschnittene Jeansreste
- Pailletten, Strasssteine
- selbst bezogene Knöpfe
- Zierbänder

Anleitung

Armbandlänge festlegen und etwas Weite für den gewählten Verschluss dazugeben.
Bänder nach Herzenslust individuell und kreativ verzieren. Verschluss annähen, evtl. Knopfloch fertigen. Auch schön: Stoffstreifen zu einem Band flechten und die Enden verknoten. Einen hübschen Zierknopf als Verschluss annähen und die Lücken im Geflecht als Knopfloch verwenden.

Tipps

Es lohnt sich, echte Kristalle aus geschliffenem Glas zum Aufbügeln zu kaufen. Sie sind zwar wesentlich teurer als die Kunststoffversion, aber sie machen aus jedem Armband ein echtes Schmuckstück! Auch an Zierknöpfen gibt es eine riesige Auswahl, ein einziges Exemplar reicht, um aus dem Armband etwas ganz Besonderes zu machen.

Als Verschluss eignet sich ein schöner Knopf, das Knopfloch kann man von Hand oder mit der Maschine fertigen oder sogar einen einfachen Schnitt unversäubert lassen — das geht bei Jeans problemlos. Alternativen sind kleine Hakenverschlüsse, Druckknöpfe oder kleine angenähte Bändel — einfach das zur Hand nehmen, was man im Haus hat!

KIDS-Projekt

Hitzeschutz im Blaumann

ZU VIELE KÖCHE VERDERBEN BEKANNTLICH DEN BREI – DIESE HOSENBEINE DAGEGEN HELFEN BEIM KOCHEN UND MAN KANN RUHIG VIELE DAVON HABEN! DIE LUSTIGEN TOPFLAPPEN WERDEN AUS JEANSHOSEN-BEINEN GENÄHT UND MIT APPLIKATIONEN VERZIERT, DIE DIE KINDER SELBST ENTWORFEN HABEN.

Material

• Hosenbein (der Jeansstoff sollte nicht zu fest sein)
• abgeschnittene Gürtelschlaufe
• Volumenvlies oder Thermovlies
• Stoffreste für die Applikationen
• dickeres Nähgarn für Applikationsstickerei
• beidseitig aufbügelbare Vlieseinlage
• dunkelblaues Nähgarn

Nahtzugaben

Wo erforderlich, ist 1 cm Nahtzugabe enthalten.

Zuschnitt

Sollen die Seitennähte der Hose erhalten werden (das geht nur bei sehr gerade verlaufenden Hosenbeinen), ermittelt man die quadratische Größe des Topflappens anhand der Breite des Hosenbeins. Wenn Sie mehrere exakt gleich große Topflappen fertigen möchten, schneiden Sie je zwei schnittgleiche, quadratische Stücke aus dem Hosenbein und schließen alle vier offenen Seitennähte. Ein gutes Seitenmaß für einen quadratischen Topflappen ist ca. 20–25 cm.

Nähanleitung

1. Aus einem geraden Hosenbein bei doppelter Stofflage ein quadratisches Stück ausschneiden (Hosenbeinweite = Seitenlänge).

Volumenvlies/Thermovlies so zuschneiden, dass es genau in das Hosenbeinstück hineingeschoben werden kann, aber an den offenen Seiten ein paar Millimeter zurücksteht.

2. Die offenen Kanten von rechts zusammensteppen, dabei das Volumenvlies knapp mitfassen und auch die Schlaufe für die Aufhängung feststeppen.

3. Vlieseinlage linksseitig auf die Applikationsstoffe aufbügeln. Die Motive (Zeichnungen im Anhang) auf die Stoffstücke übertragen (entweder mit dem Markierstift auf den Stoff oder spiegelverkehrt mit Bleistift auf das Vlieseinlagen-Papier) und ausschneiden. Das Papier abziehen und in der Mitte des Topflappens aufbügeln. Motiv mit dickerem Ziergarn feststeppen und zusätzlich mehrfach ganz lässig umsteppen.

Tipp

Hosenbeine mit gerader Schnittführung eignen sich am besten für dieses Projekt, da beide Seitennähte erhalten werden können.

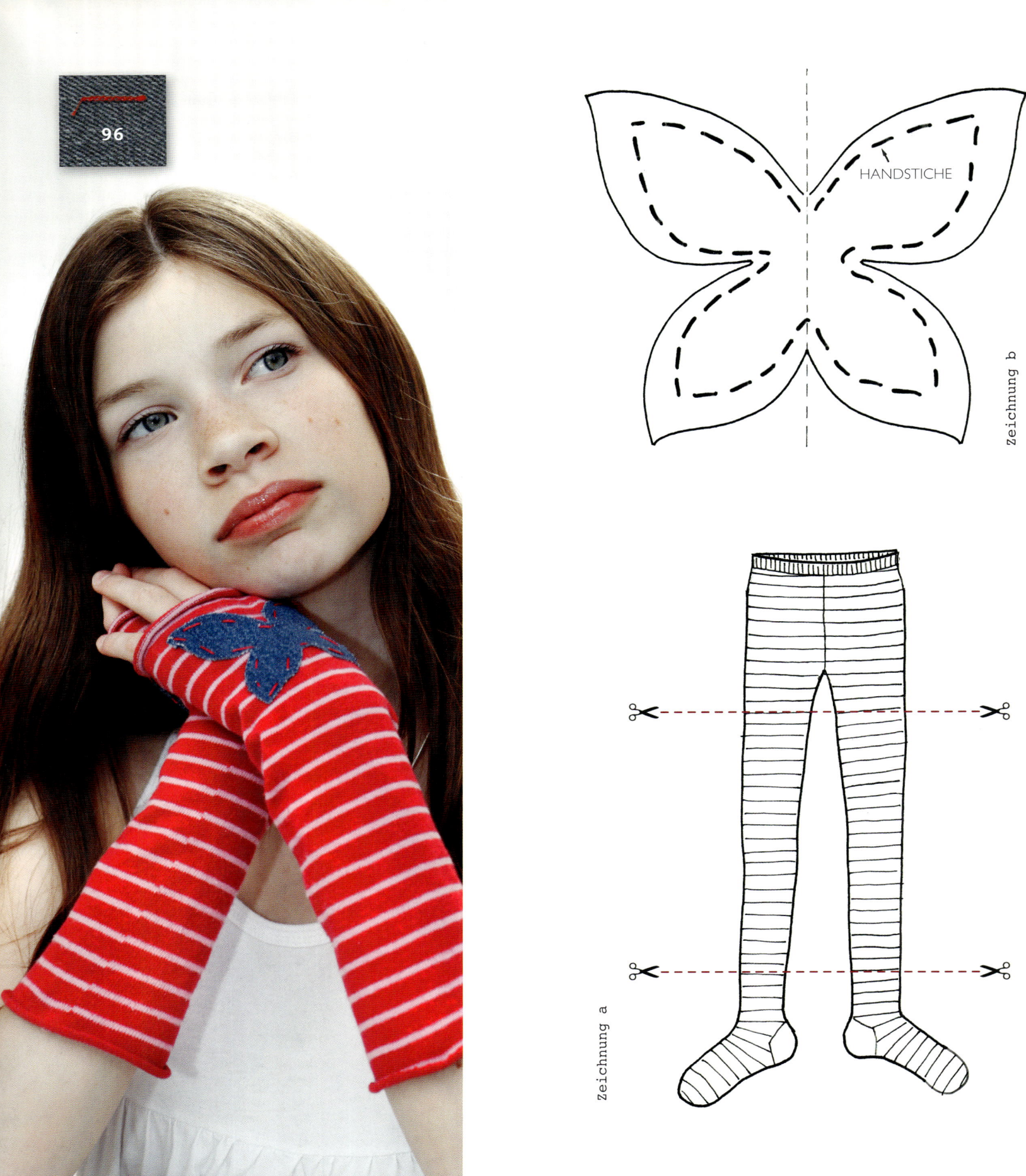

HANDSTICHE

Zeichnung b

Zeichnung a

OB EINFACH NUR ZUR ZIERDE ODER TATSÄCHLICH MIT WÄRMENDER FUNKTION – ARMSTULPEN SEHEN EINFACH SCHÖN AUS UND SIND EINE TOLLE RECYCLINGIDEE FÜR KINDERSTRUMPFHOSEN, DIE IHRE BESTEN JAHRE SCHON HINTER SICH HABEN.

Material

- Kinderstrumpfhose
- Jeansstoffreste für Applikation
- beidseitig aufbügelbare Vlieseinlage
- evtl. Markierstift
- Perlgarn
- Sticknadel

Zeichnung c

Nähanleitung

1. Aus den Strumpfhosenbeinen zwei gleich lange Stücke schneiden (Zeichnung a). Für Stulpen, die über den Handrücken und bis zum Ellbogen reichen, gelten ungefähr folgende Maße: 5—8 Jahre ca. 17 cm, 8—11 Jahre ca. 20 cm, Kinder ab 12 Jahren ca. 23 cm.

2. Vlieseinlage linksseitig auf den Applikationsstoff aufbügeln und das Motiv (Zeichnung b) zweimal auf das Stoffstück übertragen (mit Markierstift auf den Stoff oder mit Bleistift auf das Vlieseinlagen-Papier). Die Motive ausschneiden und 3 cm unterhalb der oberen Kante der Stulpen aufbügeln.

3. Schmetterlingsmotive von Hand mit Perlgarn und einfachem Heftstich aufnähen.

4. Wenn die Stulpen als fingerlose Halbhandschuhe getragen werden sollen, 4 cm unterhalb der oberen Kante je einen 1 cm langen Schlitz für den Daumen einschneiden (Zeichnung c).

Tipp

Bei glatt rechts gestrickter dünner Baumwollware brauchen die Schnittkanten nicht versäubert zu werden, da sie sich etwas einrollen. Bei Rippware oder Wollstrumpfhosen sollten die Kanten von Hand umgenäht oder umhäkelt werden.

KIDS-Projekt

Endlich genug Haargummis

HAARGUMMIS SIND WIE KUGELSCHREIBER – MAN BESITZT UNMENGEN DAVON, ABER IMMER DANN, WENN MAN SIE AM DRINGENDSTEN BRAUCHT, SIND SIE WIE VOM ERDBODEN VERSCHLUCKT! NACHSCHUB LIEFERT ZUM BEISPIEL EINE ABGELEGTE KINDERSTRUMPFHOSE, AUS DER MAN VIER BIS SECHS UNGEWÖHNLICHE HAARGUMMIS RECYCLEN KANN!

Anleitung

Einfach ca. 10 cm lange Stücke aus den Beinen der Strumpfhose schneiden.

Tipp

Am besten funktioniert diese Idee mit Strumpfhosen, die glatt rechts gestrickt und nicht zu dick sind und im Idealfall sogar noch etwas Elasthan in der Materialzusammenstellung haben. Wenn's nicht richtig hält, kann man sie auch als Kaschierung über einem gewöhnlichen Haargummi verwenden.

UND SCHON TUT'S NIMMER WEH ! WENN DIE LEGGINS DURCH EINEN STURZ AM KNIE EIN LOCH HAT, DARF SIE SICH BEIM NÄCHSTEN WEHWEHCHEN NÜTZLICH MACHEN – ALS KÜHLKISSENHÜLLE! DER LUSTIGE ÜBERZUG BEKÄMPFT SCHMERZEN ALLEIN SCHON DURCH SEINE OPTIK UND IST WUNDERBAR WEICH IM GEBRAUCH.

Material

- Kinderleggins
- Jeansstoffreste für Applikation
- beidseitig aufbügelbare Vlieseinlage
- Perlgarn

Anleitung

1. Das Bein gerade abschneiden und auf links wenden. An der Schnittkante (von Hand oder mit der Maschine) zusammensteppen und wieder auf rechts wenden (siehe „Jersey nähen", Seite 179).

2. Vlieseinlage linksseitig auf den Applikationsstoff aufbügeln. Buchstaben (siehe Zeichnung) auf das Stoffstück übertragen (mit Markierstift auf den Stoff oder seitenverkehrt mit Bleistift auf das Vlieseinlagen-Papier). Motive ausschneiden und aufbügeln.

3. Zur Zierde nähen Sie die Buchstaben von Hand mit Perlgarn und einfachem Heftstich auf.

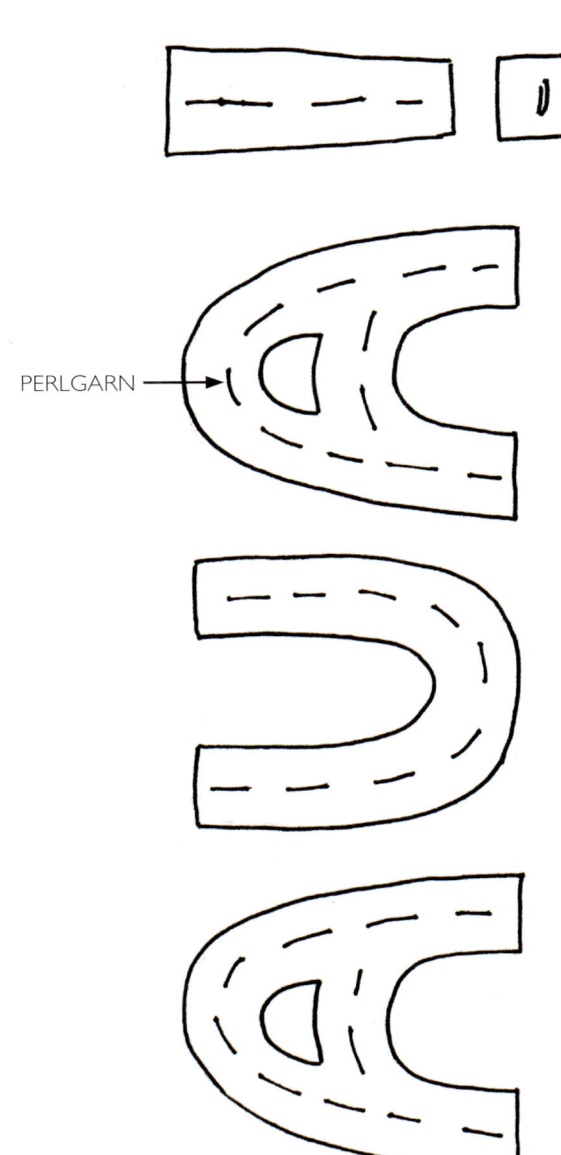

PERLGARN

ÜBERZIEHBARE KNÖPFE GIBT ES IN UNTERSCHIEDLICHEN GRÖSSEN. NUN BRAUCHT MAN NUR NOCH WINZIGE STOFFRESTE, EIN SCHÖNES MOTIV UND ETWAS FINGERSPITZENGEFÜHL, UM SIE ZU BUNTEN UND VIELSEITIGEN BUTTONS ZU GESTALTEN. SCHON HAT MAN TOLLE VERZIERUNGEN FÜR TASCHE, JACKE, KÄPPI ODER DEKORATIVE BROSCHEN FÜR PULLOVER ODER WESTE. WENN SIE DIE KNÖPFE NICHT ANNÄHEN, SONDERN STATTDESSEN MIT EINER SICHERHEITSNADEL VERSEHEN, KÖNNEN DIE KLEINEN KUNSTWERKE AUCH JEDERZEIT DIE PLÄTZE WECHSELN.

Material

• Stoffreste
• beidseitig aufbügelbare Vlieseinlage
• evtl. Markierstift
• überziehbare Knöpfe (Fachhandel)

Anleitung

1. Vlieseinlage linksseitig auf die Applikations-stoffe aufbügeln. Motive an die Knopfgröße anpassen und auf die Stoffstücke übertragen (mit Markierstift auf den Stoff oder spiegelverkehrt auf das Papier der Vlieseinlage).

2. Motive ausschneiden, auf dem Bezugsstoff anordnen und aufbügeln. Nach Belieben mit Zickzackstich applizieren oder mehrfach lässig mit Geradstich nach-steppen.

3. Die Kreisform für den Knopf (die Größe ist auf der Verpackung angegeben) auf den Bezugsstoff zeichnen. Dabei darauf achten, dass die Applikation genau in der Mitte liegt.

4. Den Kreis ausschneiden und den Knopf wie auf der Verpackung beschrieben beziehen.

Tipps

Bestreichen Sie den Knopf sparsam mit Klebestift, dann kann die Applikation mittig fixiert werden und verrutscht beim Beziehen nicht.

Wenn Sie keine Geduld haben, um winzige Motive mit der Nähmaschine zu applizieren, verwenden Sie einfach einen Stoff, der schon mit geeigneten Kleinmotiven, Blümchen, Mustern oder Ornamenten bedruckt ist.

KIDS-Projekt

Schmuckstücke

WENN DIE GROSSE TOCHTER ZUSAMMEN MIT EIN PAAR FREUNDINNEN PAPAS WERKSTATT AUF DEN KOPF STELLT, DANN KÖNNTE DAS FOLGENDEN GRUND HABEN: SIE SUCHT NACH UNTERLEGSCHEIBEN – UND ZWAR, UM SICH SCHMUCK DARAUS ZU BASTELN.

Anleitung

1. Pro Unterlegscheibe zwei kreisförmige Stoffstücke zuschneiden, dafür die Unterlegscheibe als Schablone benutzen. Das innere Loch wird später ausgeschnitten und muss nicht eingezeichnet werden. Besonders schön sieht es aus, wenn man die beiden Seiten mit unterschiedlichem Stoff bezieht.

2. Unterlegscheibe einseitig dünn und vollflächig mit Klebstoff bestreichen. Den Klebstoff leicht antrocknen lassen, den Stoffkreis passgenau auflegen und fest andrücken. Mit der anderen Seite ebenso verfahren.

3. Nach dem Trocknen die Löcher vorsichtig mit der Nagelschere aus den Stoffen beider Seiten ausschneiden.

4. Scheibe einseitig mit Klarlack einstreichen, gut auftrocknen lassen, dann die andere Seite lackieren. Lackiervorgang gegebenenfalls wiederholen.

5. Kordel auf passende Länge zuschneiden, Scheibe und Schmuckperle auffädeln.

Tipps

Für eine einzelne Scheibe genügt auch farbloser Nagellack.

Die Schmuckscheiben sind auch als Schlüsselanhänger an einer dicken Kordel ein tolles Geschenk.

Material

- Unterlegscheiben in beliebiger Größe (Baumarkt)
- Stoffreste
- Klebstoff für Textil und Metall
- farbloser Lack zum Streichen oder Sprühen
- kleiner Borstenpinsel
- kleine scharfe Schere (z.B. Nagelschere)
- gewachste Kordel
- Zierperle (die Kordel sollte doppelt genommen hindurch passen)

HIER LEBT DIE EIGENE, ZU KLEIN GEWORDENE LIEBLINGSJEANS ALS NEUE, COOLE KLAPPENTASCHE WEITER. DER GRUNDSCHNITT IST DENKBAR EINFACH UND BESTEHT NUR AUS DREI SCHNITTTEILEN, DIE AUS JEANS-RESTEN BELIEBIG ZUSAMMENGESETZT WERDEN. AUFGENÄHTE PRAKTISCHE DETAILS WIE ABGETRENNTE TASCHEN ODER EIN STÜCK ABGESCHNITTENER HOSENBUND MIT GÜRTELSCHLAUFEN MACHEN AUS JEDER TASCHE EIN UNIKAT. DIE KANTEN WERDEN UNVERSÄUBERT VERARBEITET UND FRANSEN DAHER SCHÖN LÄSSIG AUS.

Größe

29 x 30 x 9 cm (Höhe x Breite x Tiefe)

Material

• 2 große oder 3 kleine Jeans
• Jeans-Meterware für innen
• abgetrennte Hosentaschen
• beidseitig aufbügelbare Vlieseinlage
• Stoffrest für die Applikation
• 2 große Ösen
• Karabiner

Außerdem für den Riemen:

• 150 cm Gurtband, 50 mm breit
• 1 Schiebestegschnalle, innere Weite 50 mm
• 1 Vierkantring, innere Weite 50 mm
• farblich passendes, starkes Nähgarn
• starke Nähnadel mit großem Nadelöhr (Stärke 100/16)

Schnittteile

- Taschenkorpus mit Klappe (Zeichnung a)
  2 x (1 x für außen und 1 x für innen)
- Seitenteile (Zeichnung b)
  4 x (je 2 x für außen und 2 x für innen)
- 1-2 abgetrennte Gesäßtaschen (Tipp: Taschen mit
  ca. 1 cm Abstand zur Tasche aus der Hose ausschneiden, dann bleiben die echten Nähte erhalter.)
- 1 Stück Hosenbund (28 cm)

Nahtzugaben

In den Maßen ist 0,5 cm Nahtzugabe enthalten. Alle
Kanten werden unversäubert verarbeitet.

Nähanleitung

1. Hosenbeine gerade und möglichst weit oben von der
Hose abschneiden und entlang der Innen- oder Außen-
beinnaht der Länge nach aufschneiden. Achten Sie dabei darauf, die Hose entlang der einfachen Naht auf-
zuschneiden, damit die schönere Doppelnaht erhalten
bleibt, die man später auf der Tasche sieht.

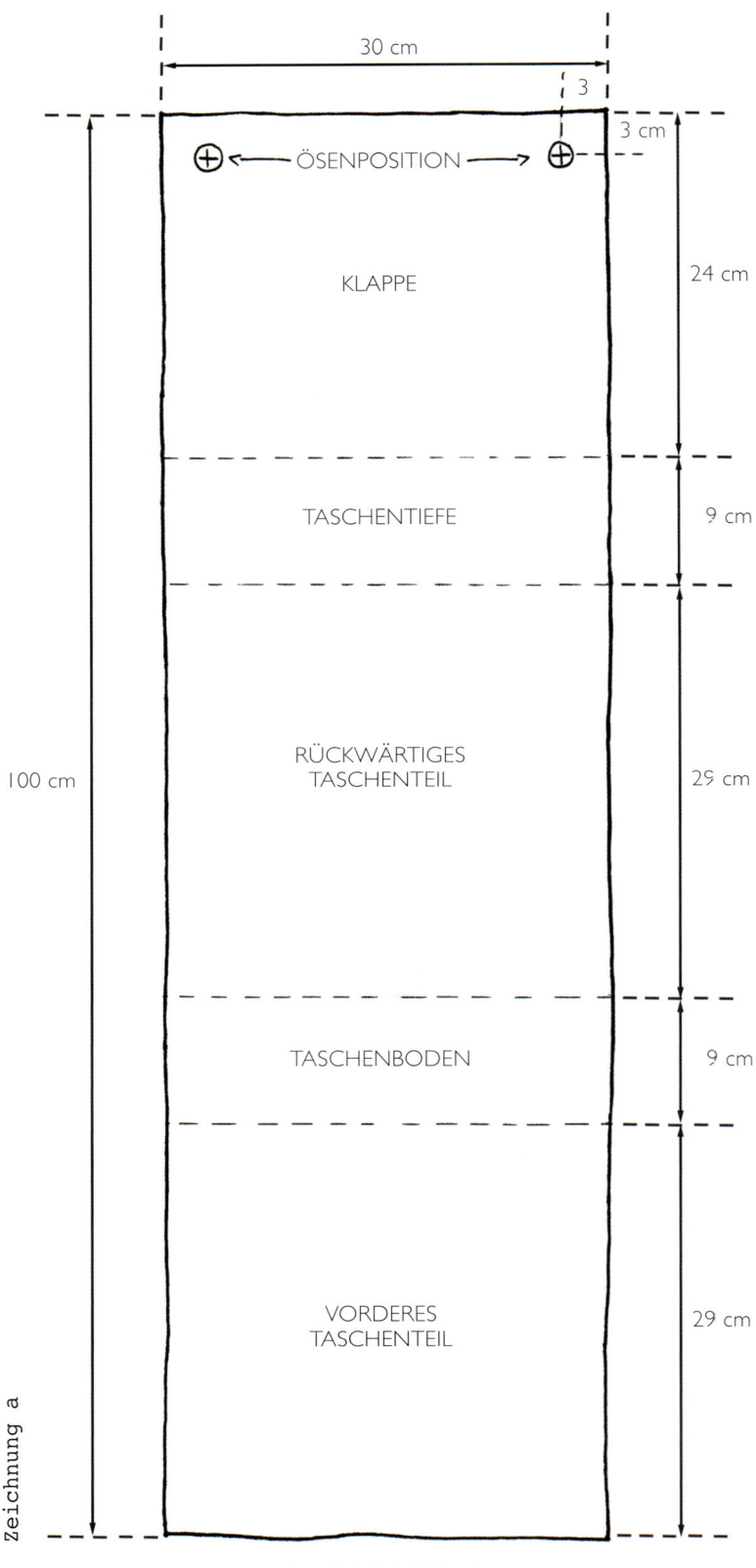

Zeichnung a

30 cm

3

3 cm

ÖSENPOSITION

KLAPPE — 24 cm

TASCHENTIEFE — 9 cm

RÜCKWÄRTIGES TASCHENTEIL — 29 cm

100 cm

TASCHENBODEN — 9 cm

VORDERES TASCHENTEIL — 29 cm

2 x ZUSCHNEIDEN

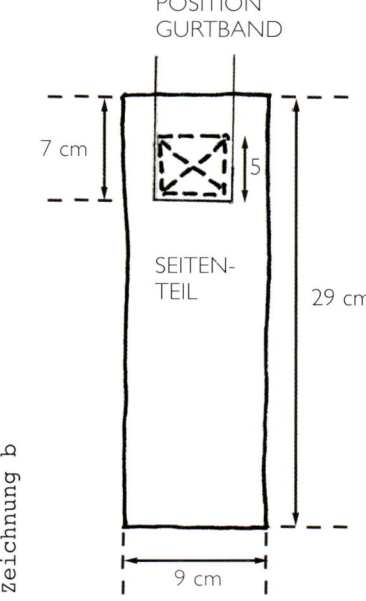

POSITION
GURTBAND

7 cm

5

SEITEN-
TEIL

29 cm

9 cm

Zeichnung b

2. Aus den Jeansstücken die Schnittteile für die Außentasche zusammensetzen. Die Stücke können einfach 1 cm überlappend rechts auf links aneinandergesteppt werden (Zeichnung c) und müssen nicht versäubert werden. Achten Sie beim Zusammenstellen der Stücke darauf, wo Sie die typischen Jeanshosenelemente platzieren — hier z.B. ist das ausgebeulte Knie ein schöner Hingucker auf der Klappe geworden. Für die innen liegenden Schnittteile kann auch gekaufter Jeansstoff oder ein anderer fester Stoff verwendet werden. Die restlichen Schnittteile zuschneiden.

3. Alle Schnittteile (je ein Innen- und ein Außenstück gegeneinander) mit der Vlieseinlage links auf links zu einem Taschenkorpus und zwei Seitenteilen zusammenbügeln. Dazu die Vlieseinlage rundum 0,5 cm kleiner als die Schnittvorlagen zuschneiden und auf die linken Seiten der äußeren Schnittteile bügeln. Papier von der Vlieseinlage abziehen, die äußeren Schnittteile links auf links mit den inneren Schnittteilen zusammenlegen und sorgfältig aufeinanderbügeln.

4. Die oberen Kanten der Seitenteile und die Innenkante der Tasche 0,5 cm vom Rand absteppen.

5. Taschen und Hosenbundstück aufsteppen. Dabei wählen Sie die Position nach Belieben — hier liegt das Bundstück direkt an der Innenkante und die Tasche ebenfalls unter der Klappe. Auch hier brauchen keine Kanten umgeklappt zu werden, sondern Sie können die Teile einfach mit 0,5 cm Abstand zur Außenkante aufsteppen.

6. Die Seitenteile links auf links (d.h. mit den Innenstoffseiten gegeneinander) an den Taschenkorpus heften und 0,5 cm von der Kante entfernt feststeppen. Dabei immer bis genau in die Ecke steppen, dann die Nähmaschinennadel im Stoff stecken lassen und das Nähmaschinenfüßchen heben. Stoffstücke um 90° wenden und weiter bis in die nächste Ecke steppen, wo sich der Vorgang wiederholt. Im gleichen Arbeitsgang die komplette Taschenklappe rundum mit 0,5 cm Abstand zur Kante absteppen.

7. Steppen Sie die Applikation auf: Vlieseinlage auf die linke Stoffseite des Stoffstücks aufbügeln, das Motiv (Zeichnung d) aufzeichnen (mit Markierstift auf den Stoff oder spiegelverkehrt auf das Vlieseinlagen-Papier) und ausschneiden. Das Papier entfernen und das Motiv auf die Taschenklappe aufbügeln. Motiv entlang der Kontur mit Zickzackstich applizieren.

110

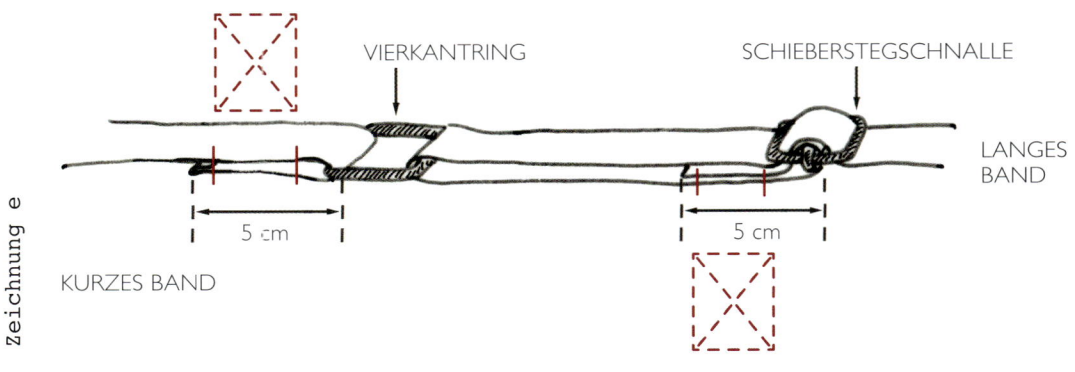

VIERKANTRING

SCHIEBERSTEGSCHNALLE

LANGES BAND

Zeichnung e

KURZES BAND

5 cm

5 cm

UNVERSÄUBERTE KANTE

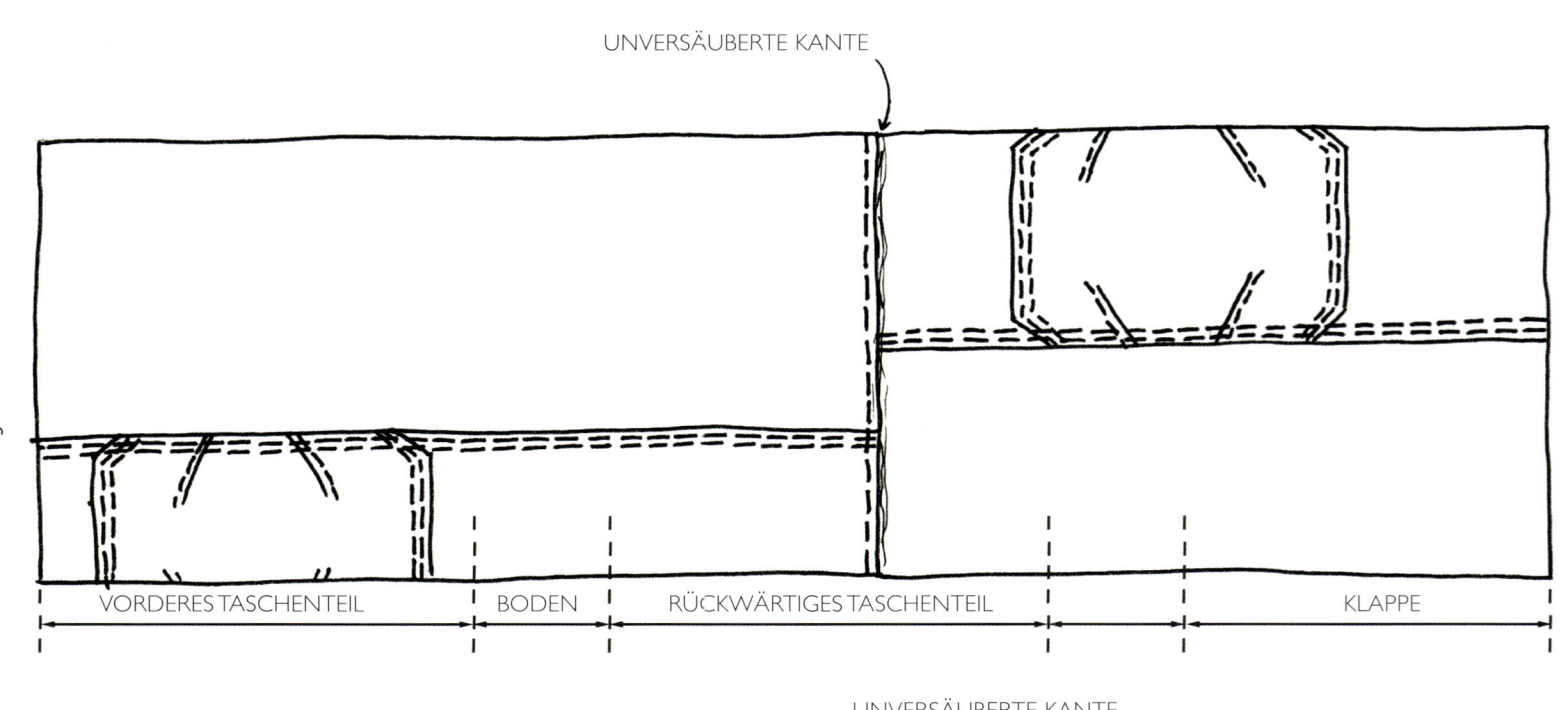

Zeichnung c

VORDERES TASCHENTEIL   BODEN   RÜCKWÄRTIGES TASCHENTEIL   KLAPPE

UNVERSÄUBERTE KANTE

Zeichnung d

8. Steppen Sie die Taschenriemen an die Seitenteile (Position siehe Zeichnung b). Wenn Sie keinen übrig gebliebenen Riemen verwenden können, fertigen Sie ihn auf diese Weise an: Gurtband in ein 30 cm langes und ein 120 cm langes Stück teilen. Das kürzere Band durch den Vierkantring ziehen, 5 cm umklappen, 1 cm einschlagen und mit einem Rechteck und Diagonalnähten feststeppen. Den langen Riemen durch den Vierkantring und die Schiebestegschnalle ziehen, 5 cm umklappen und feststeppen (Zeichnung e). Die Enden des Taschenriemens 1 cm auf links einschlagen, an die Seitenteile heften (Position siehe Zeichnung b) und mit einem Rechteck und Diagonalnähten feststeppen.

9. Zuletzt schlagen Sie zwei Ösen in die Taschenklappe (Position siehe Zeichnung a) und hängen einen Karabiner an das Bundstück.

Tipps

Wenn Sie für die Innenseite der Tasche Meterware verwenden, bekommen Sie keine Probleme mit aufeinandertreffenden dicken Nähten.

Werfen Sie eine alte Tasche nicht weg. Vielleicht kann man den Riemen — wie hier — noch verwenden.

HIER WURDE EINE CARGOJEANS MIT VIELEN NAHTDETAILS UND TASCHEN WIEDERVERWERTET. DER GRUND-SCHNITT BESTEHT WIE BEI DER JUNGSTASCHE VON SEITE 106 EBENFALLS AUS NUR DREI TEILEN. DIE ABGE-RUNDETE KLAPPE WURDE MIT EINEM BLÜMCHENSCHRÄGBAND EINGEFASST. PERFEKT DAZU PASST DAS SELBST GENÄHTE RUNDE HERZWAPPEN.

DIE SCHNITTTEILE DIESER KLEINEN KLAPPENTASCHE ENTSTEHEN AUS DEN AUFGESCHNITTENEN HOSEN-BEINEN EINER JEANS. JE MEHR NÄHTE UND TASCHEN DIE JEANS HAT, UMSO BESSER! BEI DEM MODELL AUF DEM FOTO HABEN Z. B. DIE SEITENTEILE KLEINE KNOPFTASCHEN, DIE SCHON AN DER JEANS VORHANDEN WAREN UND EINFACH MIT AUSGESCHNITTEN WURDEN.

Größe

24 x 22 x 5 cm (Höhe x Breite x Tiefe)

Material

• 1 große Cargojeans

• kleine abgetrennte Tasche

• beidseitig aufbügelbare Vlieseinlage

• Schrägband 90 cm

• Stoffreste für die Applikation

• für den Riemen: Stoffstück 130 cm lang, 10 cm breit

• farblich passendes, dickes Nähgarn

• starke Nähnadel mit großem Nadelöhr (Stärke 100/16)

Schnittteile

• Taschenkorpus mit Klappe (Zeichnung a)
  2 x (je 1 x für außen und innen)

• Seitenteile (Zeichnung b)
  4 x (je 2 x für außen und innen)

• 1 kleine abgetrennte Tasche

• fertiger Taschenriemen (kann auch aus Jeans ausgeschnitten und evtl. aus 2 Stücken zusammengesetzt
  werden).

Nahtzugaben

In den Maßen ist 0,5 cm Nahtzugabe enthalten. Alle Kanten werden unversäubert verarbeitet.

Nähanleitung

1. Hosenbeine gerade und möglichst weit oben von der Hose abschneiden und entlang der Innen- oder Außen-beinnaht der Länge nach aufschneiden. Achten Sie darauf, dabei die einfache Naht zu wählen, damit die schönere Doppelnaht erhalten bleibt, die man später auf der Tasche sieht.

2. Aus den Hosenbeinen die äußeren Schnittteile aus-schneiden. Achten Sie beim Zusammenstellen darauf, wo später die typischen Jeanshosenelemente platziert werden sollen — hier z.B. ist die Seitennaht mit kleiner Tasche ein schöner Hingucker auf der Klappe. Die restlichen Schnittteile zuschneiden.

114

22 cm

ABRUNDEN

TASCHENKLAPPE

22 cm

TASCHENTIEFE

5 cm

80 cm

RÜCKWÄRTIGES
TASCHENTEIL

24 cm

TASCHENBODEN

5 cm

VORDERES
TASCHENTEIL

24 cm

3. Alle Schnittteile (je ein Innen- und ein Außenstück gegeneinander) mit der Vlieseinlage links auf
links zu einem Taschenkorpus und zwei Seitenteilen
zusammenbügeln. Dazu die Vlieseinlage rundum 0,5 cm
kleiner als die Schnittvorlagen zuschneiden und aufbügeln. Papier von Vlieseinlage abziehen, äußere
Schnittteile links auf links mit den inneren Schnittteilen zusammenlegen und sorgfältig aufeinanderbügeln.

4. Die oberen Kanten der Seitenteile und die Innenkante der Tasche 0,5 cm vom Rand absteppen. Zusätz-
liche Taschen nach Belieben aufsteppen.
Die Seitenteile links auf links (d.h. mit den Innenstoffseiten gegeneinander) an den Taschenkorpus heften
und 0,5 cm von der Kante entfernt feststeppen. Dabei
immer bis genau in die Ecke steppen, dann die Nähmaschinennadel im Stoff stecken lassen und das Nähmaschinenfüßchen heben. Stoffstücke um 90° wenden und weiter
bis in die nächste Ecke steppen, wo sich der Vorgang
wiederholt. Im gleichen Arbeitsgang die komplette
Taschenklappe rundum mit 0,5 cm Abstand zur Kante
absteppen.

5. Fassen Sie die Taschenklappe mit Schrägband ein.
Dazu das Schrägband der Länge nach aufklappen und
Kante an Kante auf die Innenseite der Klappe heften.
Klappen Sie an Anfang und Ende das Schrägband jeweils
ca. 1 cm nach innen ein. Das Schrägband 1 mm rechts
von der ersten Umbruchkante feststeppen. Den Streifen
über die Kante auf die Außenseite der Taschenklappe
klappen und die Umbruchkante nach innen einschlagen.
Den Streifen so festheften, dass die erste Naht überdeckt ist. Das Schrägband nun knappkantig von rechts
festnähen. Anfang und Ende knappkantig quer zur Naht
feststeppen.

6. Das Herzwappen aus Stoffresten (hilfreich auch hier: Vlieseinlage auf die Rückseiten aufbügeln) zusammenstellen, aufeinanderbügeln und aufeinandersteppen (Zeichnung c). Wappen auf die Taschenklappe bügeln und aufsteppen.

7. Für den Taschenriemen bügeln Sie die langen Seiten des Stoffstreifens 1 cm auf links um. Streifen der Länge nach zusammenklappen (rechte Seite außen), bügeln und beide Kanten knappkantig absteppen. Der Riemen kann zusätzlich noch mit 2—3 weiteren Längsnähten abgesteppt werden. Ein kleines Stück Schrägband als Zierde auf dem Riemen feststeppen.

8. Die Enden der Riemen an die Seitenteile heften und mit einem Quadrat und Diagonalnähten feststeppen.

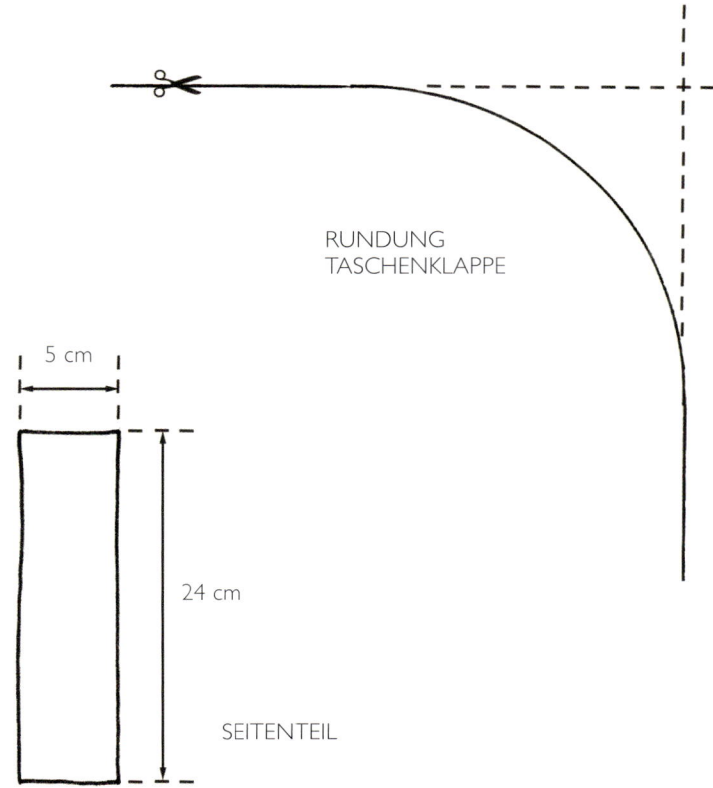

RUNDUNG TASCHENKLAPPE

5 cm

24 cm

SEITENTEIL

Zeichnung b

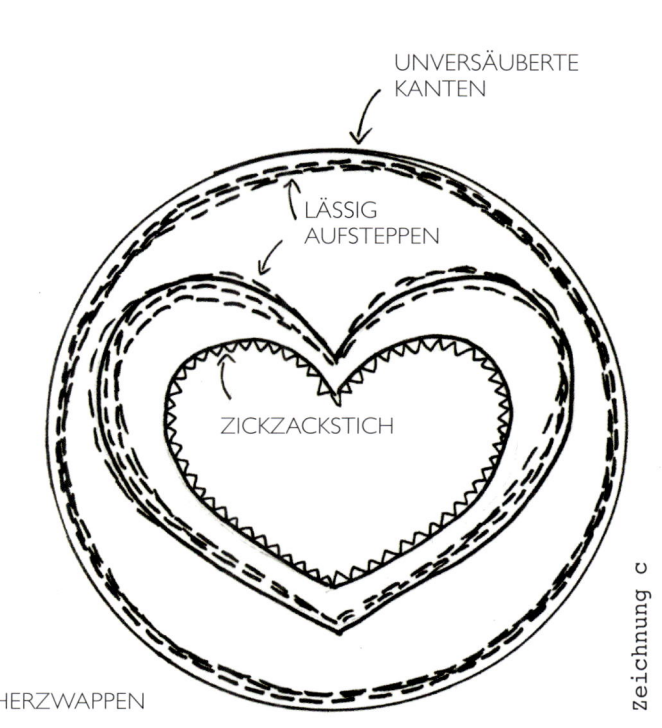

UNVERSÄUBERTE KANTEN

LÄSSIG AUFSTEPPEN

ZICKZACKSTICH

HERZWAPPEN

Zeichnung c

Größe

38 x 42 cm (Höhe x Breite)

Henkellänge insgesamt 100 cm

Material

• eine große helle und eine große dunkle Jeans
• zwei unterschiedliche Blümchenstoffe
• Vlieseinlage zum Verstärken der Blümchenstoffe
  (nur nötig, wenn die Stoffe deutlich dünner sind als
  die Jeansstoffe)
• abgetrennte Gesäßtasche
• farblich passendes Nähgarn

Tipp

Wer keine gebrauchten Jeans zur Hand hat, kann auch
hellen und dunklen Jeansstoff als Meterware kaufen.

Zuschnitt

Taschenteil (Zeichnung a wie im Schnitt beschrieben am Stoffbruch zu komplettem Schnittteil spiegeln,
siehe Anhang) je 2 x spiegelgleich aus dunklem und
hellem Jeansstoff (Stoffe 1 + 2)

Henkelteile (Zeichnungen b1 und b2 wie im Schnitt
markiert zusammenfügen, siehe Anhang) je 2 x
spiegelgleich aus zwei unterschiedlichen
Blümchenstoffen (Stoffe 3 + 4)

DIESE TASCHE HAT VIEL PLATZ, EINEN LANGEN HENKEL, DAMIT SIE SCHÖN TIEF GETRAGEN WERDEN KANN, UND MAN KANN SIE WENDEN – DREI GUTE GRÜNDE, UM GLEICH MIT DEM NÄHEN LOSZULEGEN.

Nahtzugaben

Beim Zuschnitt rundum 1 cm Nahtzugabe zugeben.

Nähanleitung

1. Alle Teile zuschneiden. Die Henkelteile linksseitig mit Vlieseinlage verstärken (Einlage ohne Nahtzugaben zuschneiden).

2. Die Taschenteile aus Stoff 1 (äußeres Taschenteil) rechts auf rechts legen und heften. Seiten- und Bodennaht durchgehend zusammensteppen. Nahtzugaben auseinanderbügeln und Tasche auf rechts wenden. Mit den Taschenteilen aus Stoff 2 (inneres Taschenteil) ebenso verfahren.

3. Die Henkelteile aus Stoff 3 (äußerer Henkel) rechts auf rechts legen. Die Seitennähte und die kurze obere Henkelnaht heften und zusammensteppen. Nahtzugaben auseinanderbügeln, auf rechts wenden. Auf der rechten Stoffseite links und rechts der Nähte Stepp- oder Ziernähte steppen. Mit den Henkelteilen aus Stoff 4 (innere Henkelteile) gleich verfahren.

4. Äußeres Taschenteil (Stoff 1) rechts auf rechts an das äußere Henkelteil (Stoff 3) heften. Achtung! Die Seitennähte treffen hier nicht aufeinander, sondern die Seitennaht des Henkelteils trifft auf die vordere Mitte des Taschenteils (siehe Markierungen im Schnitt). Teile zusammensteppen, Nahtzugaben auseinanderbügeln, Henkelteil hochklappen. Naht von rechts knappkantig und 0,7 cm von der Kante entfernt absteppen. Mit den Teilen für die Innentasche ebenso verfahren.

5. Die Taschen rechts auf rechts ineinanderziehen. Eine der beiden Henkelkanten heften und rundum zusammensteppen. Nahtzugaben auseinanderbügeln, Tasche auf rechts wenden. Kanten sauber aufeinanderbügeln. Einmal knappkantig und ein zweites Mal 0,7 cm von der Kante entfernt absteppen.

6. Die Nahtzugaben der noch offenen Henkelkanten nach innen umbügeln. Henkelkanten von rechts sehr sorgfältig aufeinanderbügeln und heften. Die Henkelkanten rundum knappkantig und 0,7 cm von der Kante entfernt aufeinandersteppen.

7. Jeanstasche auf die Tasche heften und feststeppen.

Strandbegleiter

DIE KÖRBE VON SEITE 8 KÖNNEN MEHR ALS NUR FÜR ORDNUNG IM HAUS SORGEN. HIER MACHEN SIE SICH ALS LÄSSIGE UND ROBUSTE TASCHE FÜR DEN STRAND ODER EINEN SEGELAUSFLUG NÜTZLICH. WENN SIE DEN BODEN ETWAS GRÖSSER UND OVAL ZUSCHNEIDEN, DIE HENKEL VERLÄNGERN UND EIN PAAR TASCHEN INS INNENFUTTER NÄHEN, HABEN SIE EINEN GERÄUMIGEN BEGLEITER FÜR DEN NÄCHSTEN TRIP IN DIE STADT.

DIESEN EINFACHEN SCHNITT KÖNNEN SIE GANZ MÜHELOS VARIIEREN. OB AUS JEANSSTOFF ODER JERSEY, MIT AUSFRANSENDEN KANTEN ODER INNEN LIEGENDEN NÄHTEN, UNI ODER GEMUSTERT – HIER BEKOMMT JEDES KIND SEINE LIEBLINGSMÜTZE GANZ NACH WUNSCH! DIE NÄHANLEITUNG BEZIEHT SICH AUF DIE MÜTZE GANZ UNTEN, DIE ANDEREN MODELLE SIND VARIATIONEN: NÄHTE INNEN ODER AUSSEN LIEGEND, BREITERES BÜNDCHEN, ANDERE STOFFWAHL… LASSEN SIE SICH INSPIRIEREN!

Material

- Jeansstoffreste, Stoffreste oder altes T-Shirt
- Bündchenware/Strickschlauch 10 x 52 cm
- farblich passendes Nähgarn
- Jerseynadel (für die Nähmaschine)

Nahtzugaben

Beim Zuschnitt bitte rundum 1 cm Nahtzugabe dazugeben.

Zuschnitt

Kopfteil (Zeichnung a) 1 x
Seitenteil (Zeichnung b) 2 x spiegelgleich
Bündchen, Maß wie oben angegeben
Zeichnungen auf 125% vergrößern

Nähanleitung

1. Legen Sie die Seitenteile links auf links aufeinander. Beide Seitennähte heften und zusammensteppen. Nahtzugaben auf der rechten Stoffseite auseinanderbügeln und entlang der Kanten mit Zickzackstich oder einem Zierstich feststeppen.

2. Zusammengestepptes Seitenteil rechts auf rechts auf das Kopfteil legen und heften. Achten Sie dabei auf die Markierungen in der Schnittzeichnung. Naht rundum steppen und das Mützenteil auf rechts wenden.

3. Die kurzen Seiten des Bündchens rechts auf rechts legen und heften. Das Bündchen zu einem Ring zusammensteppen.

4. Klappen Sie das Bündchen der Länge nach zusammen, die rechte Stoffseite liegt außen. Die doppelt aufeinanderliegende offene Kante von der Seitennaht ausgehend in Achtelstrecken teilen, mit Markierstift oder Schneiderkreide markieren.

5. Bündchen rechts auf links an den Rand des Mützenteils heften. Das Bündchen liegt in der Mütze, die offenen Kanten zeigen nach außen und treffen aufeinander. Dazu die Teile zunächst an den Achtelstrecken-Markierungen mit Stecknadeln (quer zur Saumkante) aufeinanderheften. Dann die Stoffe zwischen den Stecknadeln dehnen und die Lagen mit 1—2 weiteren Stecknadeln aufeinanderheften.

6. Steppen Sie das Bündchen an das Mützenteil. Beim Nähen die Strecken zwischen den Stecknadeln so dehnen, dass die Stoffe beim Steppen glatt aufeinander liegen und glatt aufeinandergesteppt werden können.

7. Bündchen nach außen klappen, Nahtzugaben nach unten bügeln.

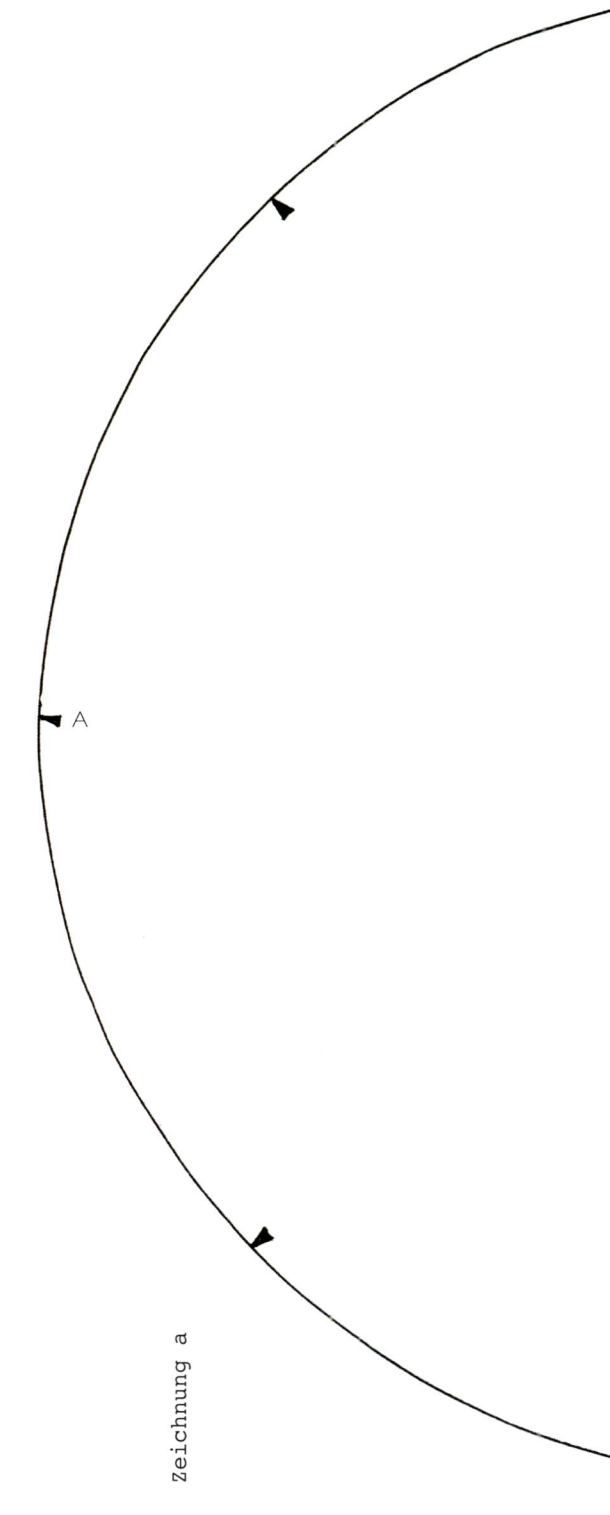

A

Zeichnung a

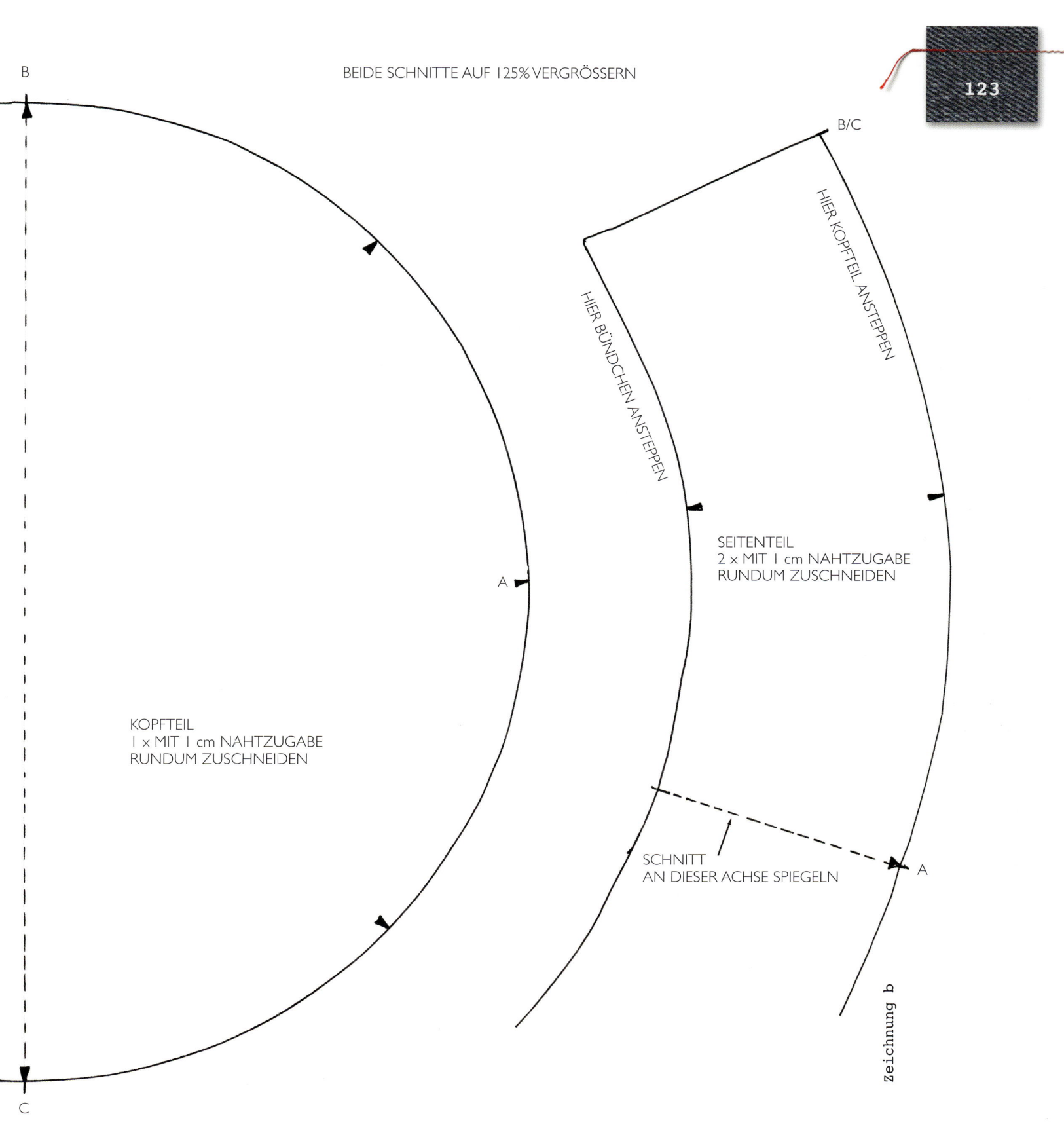

BEIDE SCHNITTE AUF 125% VERGRÖSSERN

B

B/C

HIER KOPFTEIL ANSTEPPEN

HIER BÜNDCHEN ANSTEPPEN

A

SEITENTEIL
2 x MIT 1 cm NAHTZUGABE
RUNDUM ZUSCHNEIDEN

KOPFTEIL
1 x MIT 1 cm NAHTZUGABE
RUNDUM ZUSCHNEIDEN

SCHNITT
AN DIESER ACHSE SPIEGELN

A

Zeichnung b

C

COOLE BEANIES, AUCH BOARDERMÜTZEN GENANNT, KANN MAN GANZ LEICHT SELBER MACHEN – ZUM BEISPIEL AUS ALTEN T-SHIRTS ODER PULLOVERN. VARIANTEN GIBT ES VIELE – MIT ANGESETZTEM BUND, APPLIKATION ODER UNI – GANZ NACH BELIEBEN DER KIDS!

Material

- abgelegtes T-Shirt (der Stoff sollte möglichst dehnbar sein, also entweder einen Anteil Elasthan oder Lycra enthalten oder z.B. aus Rippstrick sein)
- Pullover aus Baumwolle oder Wolle
- evtl. Reststoffe für Applikationen und beidseitig aufbügelbare Vlieseinlage
- Jerseynadel
- farblich passendes Nähgarn

Tipp

Damit die Mütze gut sitzt und nicht rutscht, messen Sie den Kopfumfang. Ziehen Sie von diesem Maß ca. 1–3 cm ab, je nach Dehnbarkeit des verwendeten Materials. Die Hälfte des ermittelten Wertes ist das Maß für die halbe Schlauchweite (Zeichnung a). Auch die Höhe der Mütze wird ganz nach Wunsch gewählt.

Nahtzugaben

In den Maßen ist 1 cm Nahtzugabe enthalten.

Nähanleitung

1. Mützenteile doppellagig aus dem T-Shirt oder Pullover ausschneiden (Zeichnung b).

2. Teile rechts auf rechts legen. Seitennähte heften und zu einem Schlauch zusammensteppen (siehe „Jersey nähen", Seite 179).

3. Legen Sie den Schlauch so, dass die Seitennähte (rechts auf rechts) aufeinanderliegen und zeichnen Sie den Bogen (Zeichnung c) an. Bogen ausschneiden und die Rundung rechts auf rechts aufeinanderstepppen. Mütze auf rechts wenden.

4. Soll die Mütze eine Applikation bekommen, bügeln Sie zunächst die Vlieseinlage linksseitig auf den Applikationsstoff. Das Motiv (z. B. Gecko von Seite 111 auf 80% verkleinern) auf das Stoffstück übertragen (mit Markierstift auf den Stoff oder spiegelverkehrt mit Bleistift auf das Papier der Vlieseinlage) und ausschneiden. Entfernen Sie das Papier und bügeln Sie das Motiv auf die Mütze. Motiv mit Zickzackstich feststeppen.

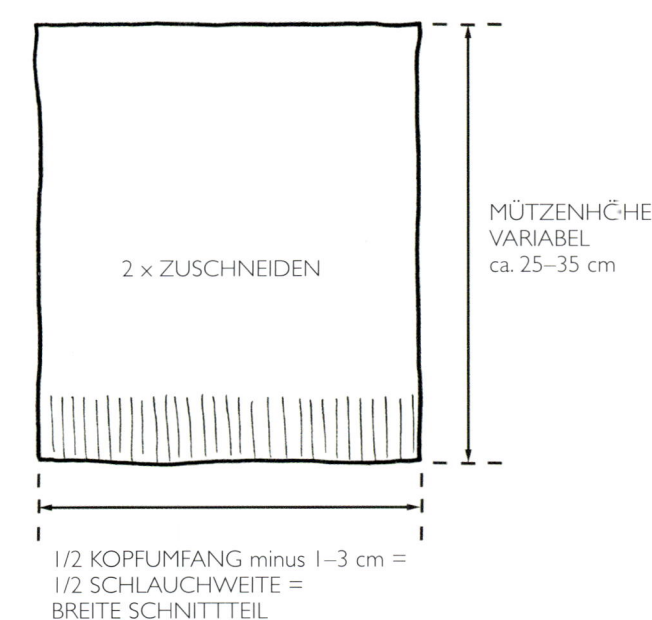

Zeichnung a

2 × ZUSCHNEIDEN

MÜTZENHÖHE VARIABEL
ca. 25–35 cm

1/2 KOPFUMFANG minus 1–3 cm =
1/2 SCHLAUCHWEITE =
BREITE SCHNITTTEIL

Zeichnung b

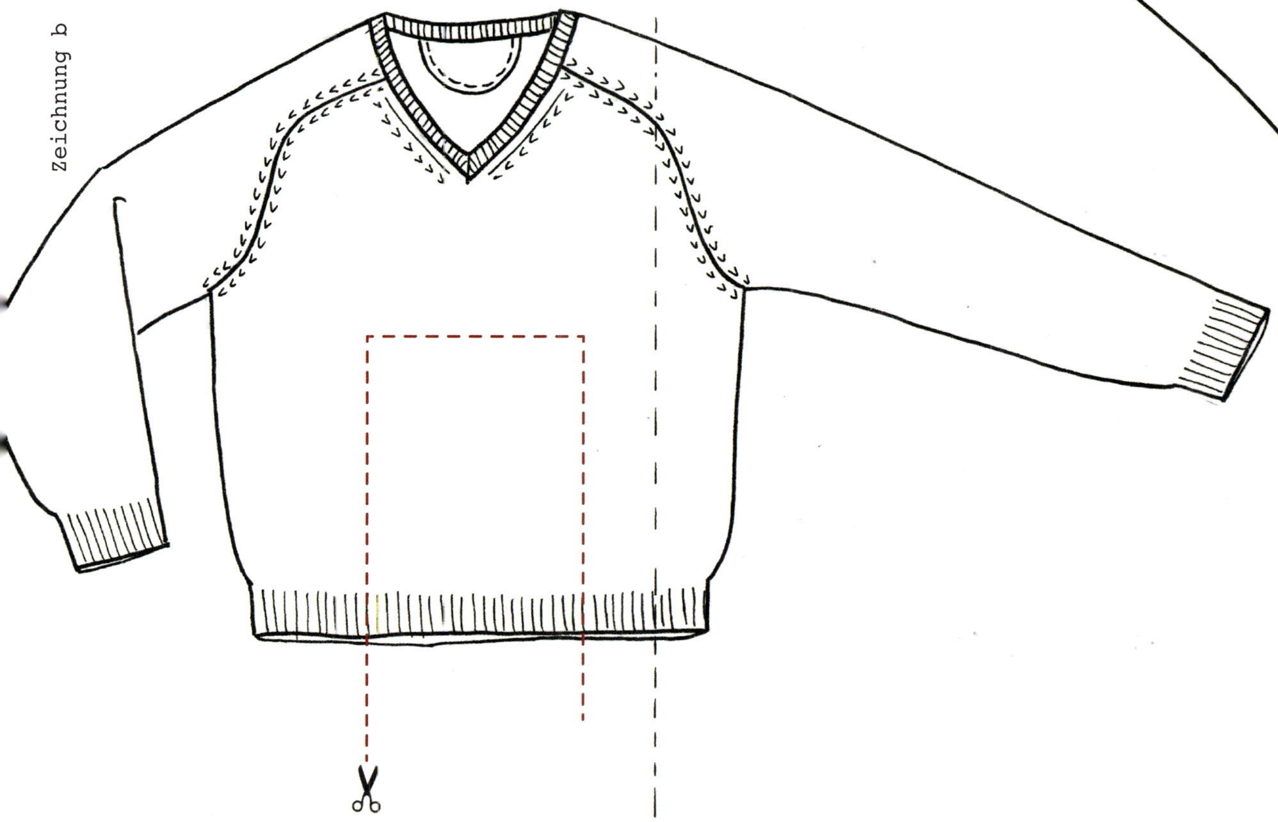

Zeichnung c

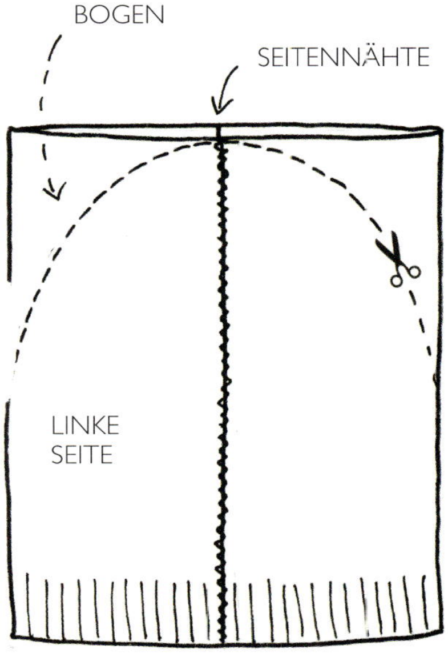

BOGEN

SEITENNÄHTE

LINKE
SEITE

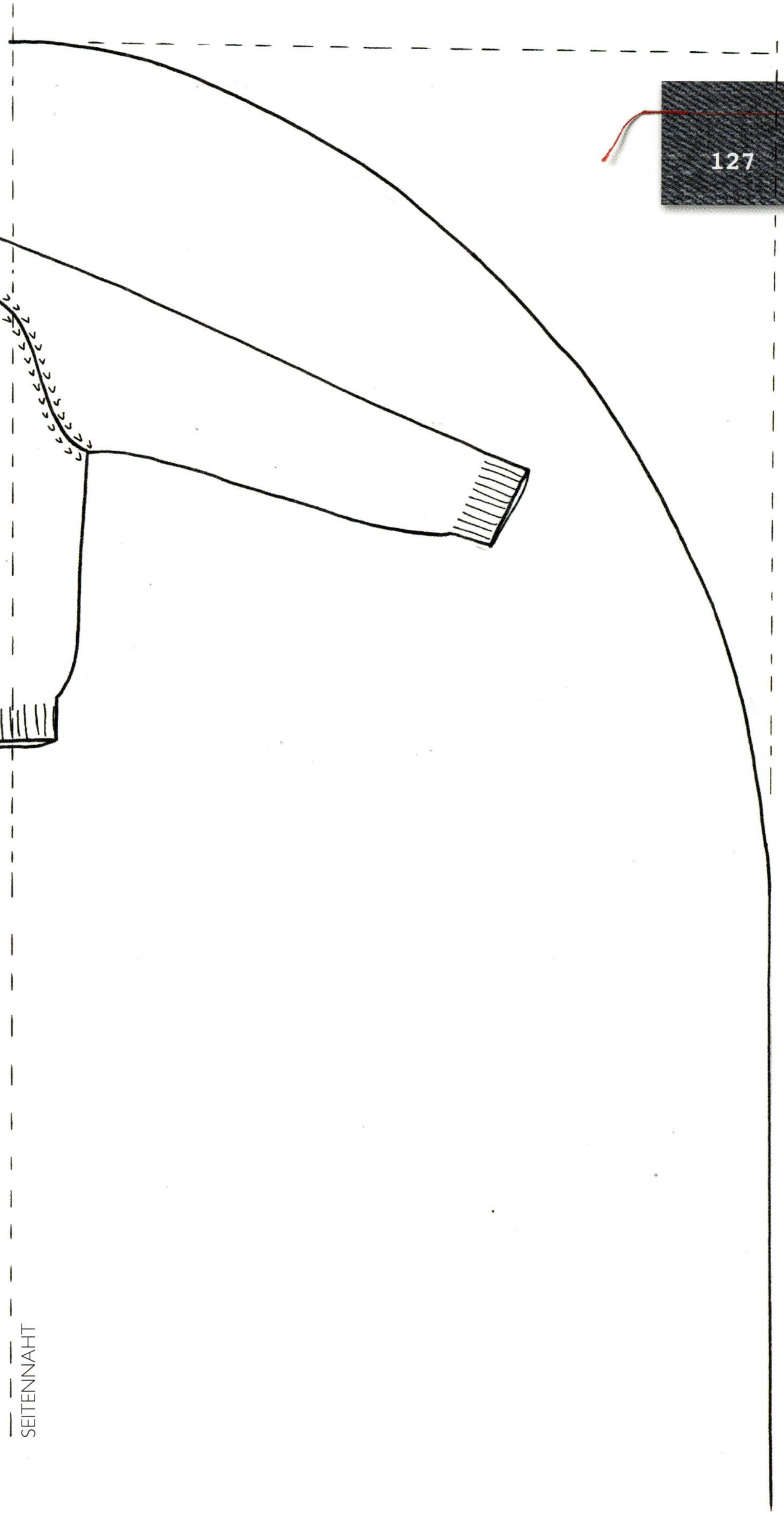

SEITENNAHT

Rundung Beanie Originalgröße

Schal mit Bommelborte

ZU JEDEM PULLI DER PASSENDE SCHAL – WARUM NICHT? MIT DIESER EINFACHEN RECYCLINGIDEE FÜR ALTE T-SHIRTS ODER JERSEYSTOFFRESTE KÖNNEN SIE S CH ODER DEN KIDS SO VIELE PASSENDE STÜCKE NÄHEN, DASS IM KLEIDERSCHRANK BALD DAS PASSENDE OBERTEIL ZUM SCHAL FEHLEN KÖNNTE!

Größe
Länge 160 cm, Breite 25 cm

Material
- Stoffrest 162 x 52 cm oder aus T-Shirt-Resten zusammengesetztes Stück in dieser Größe
- Bommelborte, 160 cm
- Jerseynadel für die Nähmaschine
- farblich passendes Nähgarn

Zuschnitt
In den Maßen ist 1 cm Nahtzugabe enthalten.

Nähanleitung

1. T-Shirt-Reste rechts auf rechts zu einem 162 cm langen und 52 cm breiten Stück zusammensteppen oder den Stoffrest auf diese Größe zuschneiden (siehe „Jersey nähen", Seite 179).

2. Das gesamte Stoffstück der Länge nach rechts auf rechts zusammenlegen. Bommelborte so zwischen die lange Stoffkante heften, dass die Bommel nach innen zeigen und die Webkante bündig mit den Stoffkanten liegt.

3. Steppen Sie die drei offenen Kanten bis auf eine ca. 10 cm breite Wendeöffnung in der Mitte einer kurzen Seite zusammen.

4. Schal durch die Öffnung auf rechts wenden. Schließen Sie die Wendeöffnung knappkantig mit der Maschine oder mit feinen Handstichen.

NOCH EINE RECYCLINGIDEE FÜR T-SHIRT-RESTE IST DIESER WUNDERBARE KAPUZENSCHAL, DER NEBEN SEI-NEM LUSTIGEN AUSSEHEN AUCH NOCH MEHRERE TRAGEMÖGLICHKEITEN ZU BIETEN HAT: ER IST MÜTZE UND SCHAL IN EINEM, HÄLT KOPF, OHREN UND HALS WARM, KANN ABER AUCH LÄSSIG MIT ABGESETZTER (ABER NIEMALS VERLOREN GEGANGENER!) KAPUZE ALS KLEIDSAMER SCHAL GETRAGEN WERDEN.

Größe

Länge der beiden Schalstreifen jeweils 90 cm,
passend bis zu einem Kopfumfang von 54 cm

Material

• alte T-Shirts in passenden Farben oder Jerseystoff
• Jerseynadel für die Nähmaschine

Zuschnitt

Kapuzenteil (Schnitt siehe Anhang)
je 2 x spiegelgleich für innen und außen zuschneiden.
Schalstreifen: Die Stoffreste so zusammenstellen, dass
sie zusammengesteppt zwei 38 cm breite und 95 cm
lange Streifen ergeben (Zeichnung b).

Nahtzugaben

Beim Zuschnitt der Kapuzenteile bitte rundum 1 cm
Nahtzugabe dazugeben. Im Maß für den Schalstreifen
ist 1 cm Nahtzugabe enthalten.

Nähanleitung

1. Den Stoffstreifen der Länge nach rechts auf rechts
zusammenklappen, die lange und eine kurze Kante
heften und zusammensteppen (Zeichnung c). Wenden Sie
den Streifen auf rechts (siehe „Jersey nähen",
Seite 179).

2. Die äußeren Kapuzenteile rechts auf rechts legen.
Die vordere und rückwärtige Kapuzennaht heften und
zusammensteppen.

3. Legen Sie die inneren Kapuzenteile rechts auf
rechts und heften Sie die vordere und rückwärtige
Kapuzennaht. Kanten bis auf eine ca. 10 cm große
Wendeöffnung an der rückwärtigen Kapuzennaht
zusammensteppen.

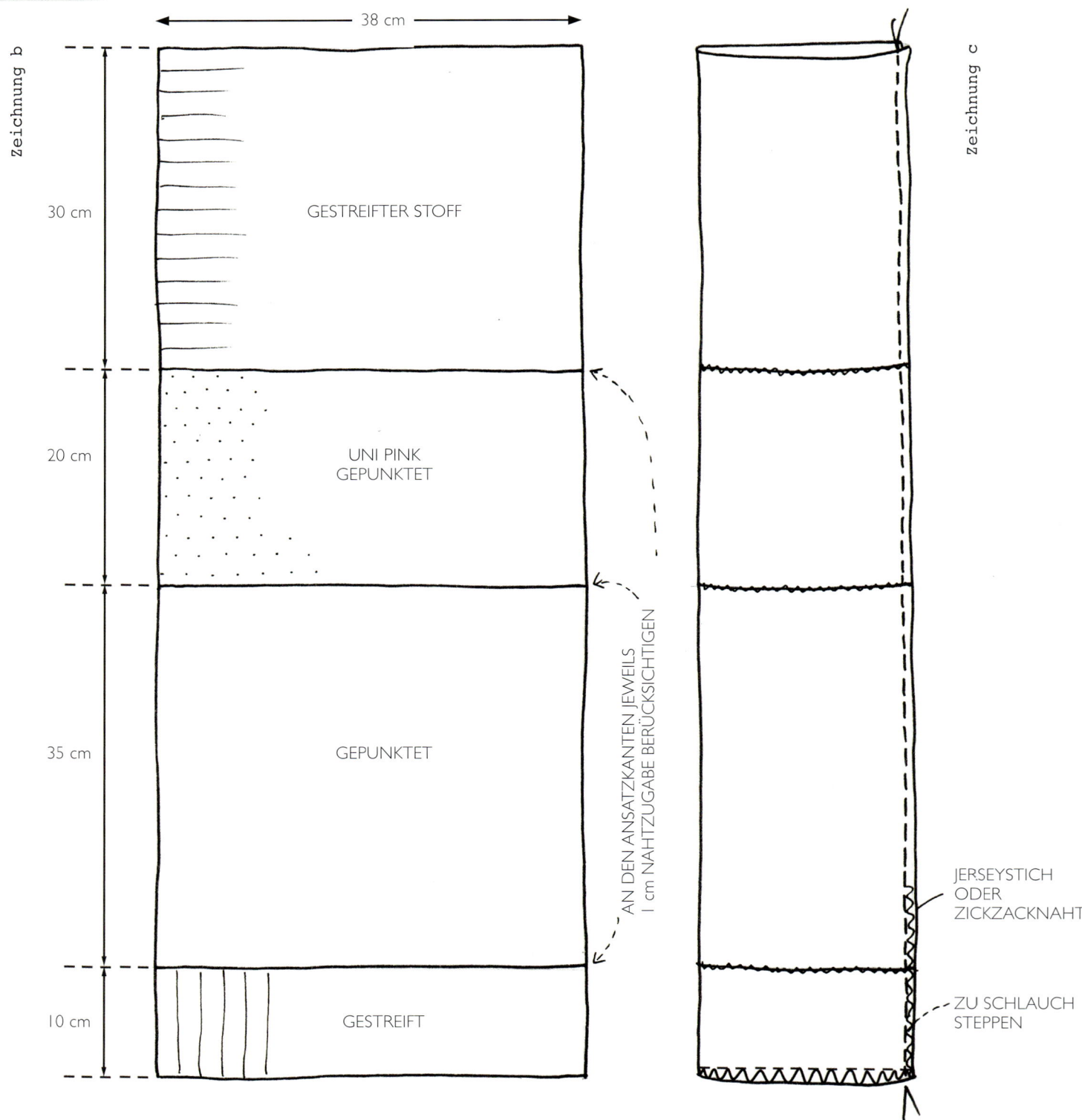

38 cm

30 cm — GESTREIFTER STOFF

20 cm — UNI PINK GEPUNKTET

35 cm — GEPUNKTET

10 cm — GESTREIFT

AN DEN ANSATZKANTEN JEWEILS
1 cm NAHTZUGABE BERÜCKSICHTIGEN

JERSEYSTICH
ODER
ZICKZACKNAHT

ZU SCHLAUCH
STEPPEN

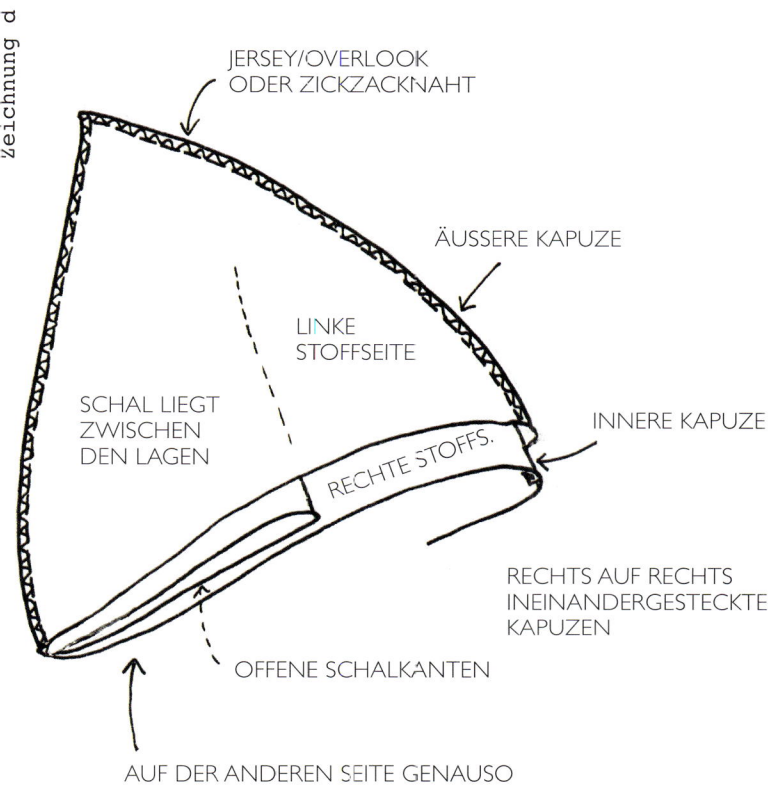

zeichnung d

JERSEY/OVERLOOK
ODER ZICKZACKNAHT

ÄUSSERE KAPUZE

LINKE
STOFFSEITE

SCHAL LIEGT
ZWISCHEN
DEN LAGEN

INNERE KAPUZE

RECHTE STOFFS.

RECHTS AUF RECHTS
INEINANDERGESTECKTE
KAPUZEN

OFFENE SCHALKANTEN

AUF DER ANDEREN SEITE GENAUSO

4. Kapuzen rechts auf rechts ineinanderziehen. Schalstücke so zwischen die Kapuzen heften (Zeichnung d),
dass die offene Kante bündig mit den Kapuzenkanten
abschließt und die Schalstücke zwischen den Schichten
liegen.

5. Steppen Sie die untere Kapuzenkante rundum zusammen, steppen Sie dabei die Schalstücke mit fest.

6. Kapuzenschal durch die Wendeöffnung an der inneren
Kapuze auf rechts wenden. Wendeöffnung knappkantig mit
der Maschine oder mit feinen Handstichen schließen.

134

22 cm

BLAU-WEISS
GESTREIFT — 38 cm

GRÜN-BLAU
GESTREIFT — 48 cm

232 cm

BLAU-WEISS
GESTREIFT — 40 cm

GRÜN-BLAU
GESTREIFT — 30 cm

DUNKELBLAU
MIT
PUNKTEN — 42 cm

UNI BLAU — 34 cm

KEIN TAG OHNE (SCHLAUCH-)SCHAL ! DIE BUNTEN ACCESSOIRES SIND GERADE ABSOLUT ANGESAGT UND MAN KANN EINFACH NICHT ZU VIELE DAVON HABEN. DIE RESTE DER EIGENEN LIEBLINGSSHIRTS HABEN GANZ SICHER GUTE CHANCEN, ZUM LIEBLINGSSCHAL ZU WERDEN.

Größe

Länge 230 cm, Breite 10 cm

Material

• verschiedene gemusterte T-Shirt-Reste (Jersey)
• Jerseynadel für die Nähmaschine
• farblich passendes Nähgarn

Nahtzugaben

In den Maßen ist 1 cm Nahtzugabe enthalten.

Nähanleitung

Stoffreste rechts auf rechts zu einem 232 cm langen und 22 cm breiten Streifen zusammensteppen (siehe Zeichnung). Die langen Kanten rechts auf rechts heften, zusammensteppen und den Schlauch wenden. Die kurzen Enden ringförmig links auf links zusammenheften und entlang der Kante zusammensteppen oder einklappen und rechts auf rechts von Hand zusammennähen.

INSTRUMENT -CALIFORNI
Denim

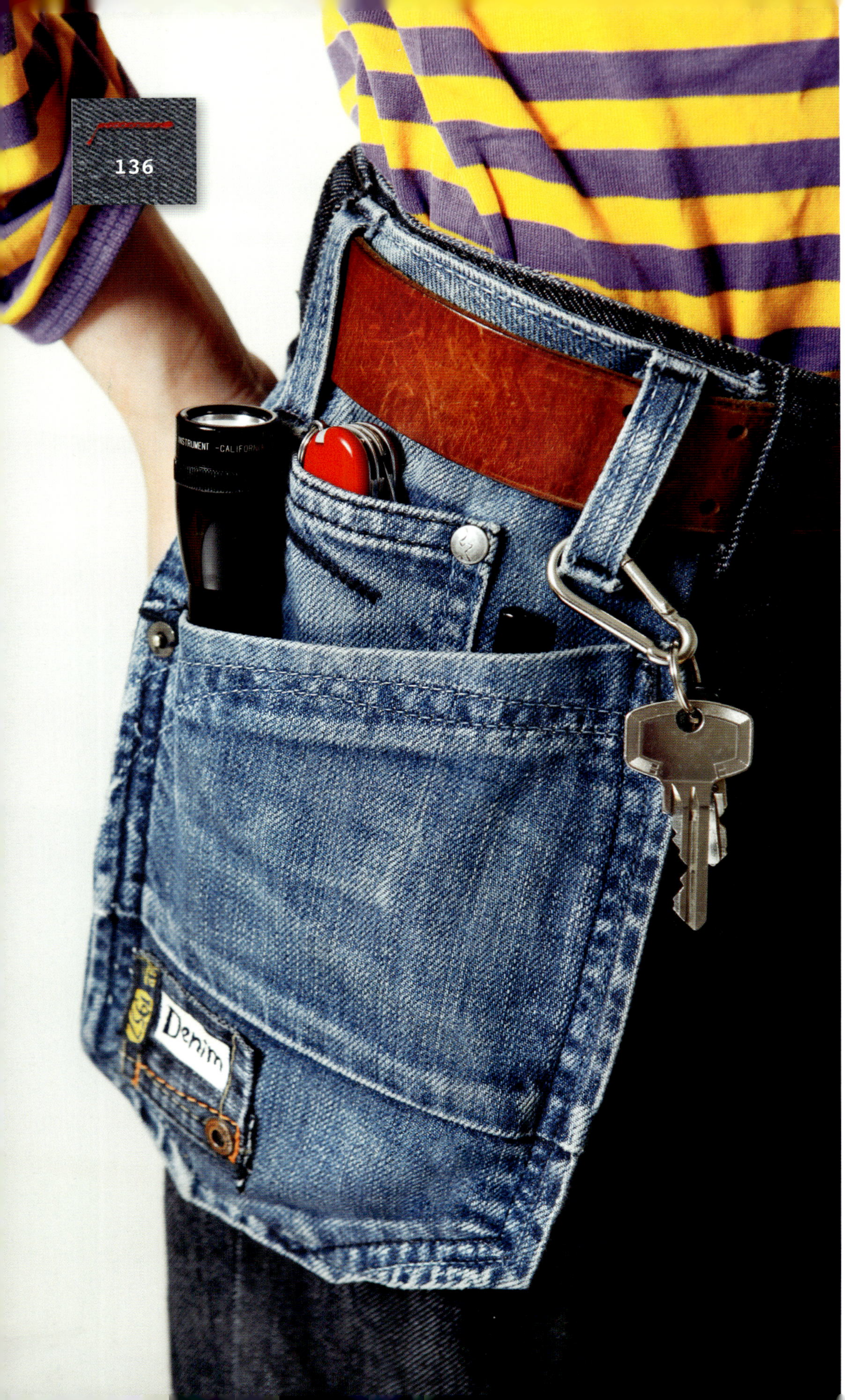

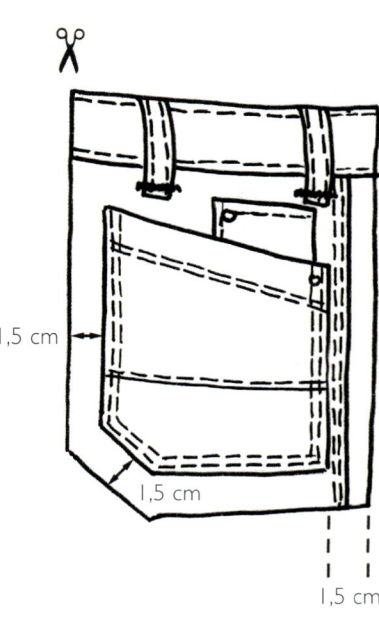

1,5 cm
1,5 cm
1,5 cm

DIE GÜRTELTASCHE SIEHT COOL AUS UND FASST GELDBEUTEL, HANDY ODER ANDERE WICHTIGE KLEINIG-KEITEN. SIE EIGNET SICH FÜR JUNGEN WIE FÜR MÄDCHEN UND IST VIEL BEQUEMER ALS VOLLGESTOPFTE HOSENTASCHEN.

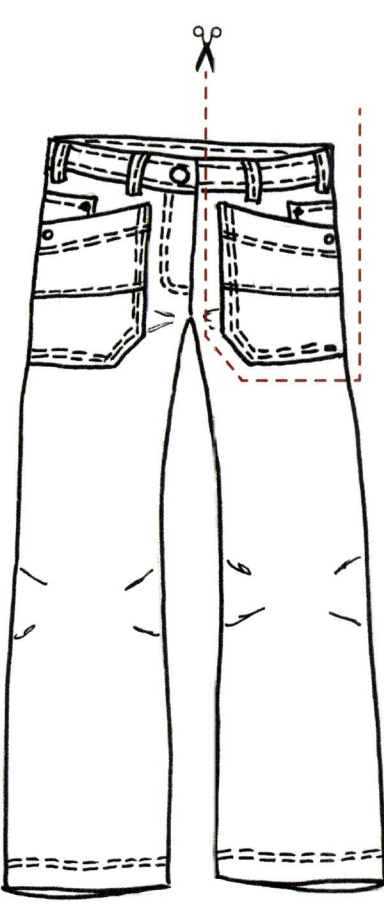

Jede andere aufgesetzte Hosentasche funktioniert auch — einfach ausprobieren.

Material

- alte Jeans mit aufgesetzten Taschen
- beidseitig aufbügelbare Vlieseinlage
- Zackenschere (falls vorhanden)
- farblich passendes Nähgarn
- zum Verzieren: Label, Aufnäher, Zierknöpfe o.Ä.

Nähanleitung

1. Schneiden Sie die Hosentasche mitsamt dem Hosenbund so aus der Jeans heraus, dass um die Tasche ein 1,5 cm breiter Rand stehen bleibt (siehe Zeichnung).

2. Den Rand auf links umbügeln.

3. Aus einem anderen Stück der Jeans ein passgenaues Gegenstück für die Rückseite der Gürteltasche schneiden: Dazu die Gürteltasche rechts auf rechts auf den Jeansstoff legen, die Konturen anzeichnen und etwas größer ausschneiden. Vlieseinlage ganzflächig auf die Rückseite des Stoffstücks aufbügeln. Das Gegenstück mit der Zackenschere (oder einer normalen Schere) rundum 0,5 cm kleiner als die aufgezeichnete Kontur zuschneiden.

4. Das Gegenstück auf die linke Seite der Gürteltasche aufbügeln und rundum von rechts so feststeppen, dass es mitgefasst wird.

5. Label, Zierknöpfe oder Aufnäher aufbügeln oder von Hand festnähen.

KIDS-Projekt

Das sitzt ganz schön im Nacken

NUR GANZ WENIGE NACKENKISSEN HABEN DAS ZEUG ZUM ABSOLUTEN LIEBLINGSSTÜCK. DIESES HIER GE-HÖRT GANZ SICHER DAZU: ES IST HERRLICH WEICH UND TROTZDEM STRAPAZIERFÄHIG, ES ÜBERSTEHT LANGE AUTOFAHRTEN, EIN NICKERCHEN AM STRAND UND DRAMATISCHE KISSENSCHLACHTEN. AUSSER-DEM IST ES UNGEWÖHNLICH LANG UND EIGNET SICH SCHON DESHALB FÜR GANZ UNTERSCHIEDLICHE EINSÄTZE. NICHT NUR MÜDE MATROSEN WERDEN DIESES NACKENKISSEN LIEBEN, ZUMAL ES DIE EIGENE LIEBLINGSJEANS IST, DIE HIER WIEDERVERWERTET WURDE.

Größe

ca. 100 cm lang, 18 cm hoch

Material

- 2 Hosenbeine einer Kinderjeans
- blau-weiße Stoffreste
- beidseitig aufbügelbare Vlieseinlage
- evtl. Markierstift
- dunkelblaues Nähgarn
- rotes Nähgarn

Füllung

Für die Füllung eignen sich Füllflocken, Styropor-granulat oder Softgranulat. Füllflocken können direkt eingefüllt werden, für Granulat sollte ein Füllkissen genäht werden: Dazu benötigt man dünnen Baumwollstoff 110 x 46 cm (z.B. aus altem Leintuch ausschneiden).

Nahtzugaben

Wo erforderlich, ist in den Maßen 1 cm Nahtzugabe enthalten.

Nähanleitung

1. Die unteren Säume der Hosenbeine gerade abschnei-den. Aus den Hosenbeinen zwei schnittgleiche, 52 cm lange Stücke schneiden (siehe Zeichnung). Die einfa-chen Nähte beider Hosenbeine auftrennen.

2. Die kurzen, oberen Schnittkanten beider Hosenbeine rechts auf rechts aufeinanderlegen, heften und zu-sammensteppen. Die Nahtzugaben von links auseinander-bügeln.

3. Vlieseinlage linksseitig auf den Applikations-stoff aufbügeln. Buchstaben auf das Stoffstück über-tragen (mit Markierstift auf den Stoff oder spiegel-verkehrt auf das Papier der Vlieseinlage). Buchstaben (Schriftzug „Müder Matrose" im Anhang) ausschneiden, mittig auf die Hosenbeinvorderseiten aufbügeln und mit Zickzackstich in kontrastierendem Rot applizieren.

4. Stoffstück rechts auf rechts der Länge nach zu-sammenfalten. Die zwei kurzen Kanten und die lange Kante (die aufgetrennten Hosenbeinnähte) bis auf eine ungefähr 15 cm lange Wende- und Füllöffnung aufein-andersteppen. Nahtzugaben auseinanderbügeln und die Kissenhülle wenden.

5. Kissen bis zur gewünschten Festigkeit mit Füll-flocken (oder mit einem Füllkissen) füllen. Wendeöff-nung mit der Nähmaschine oder von Hand schließen.

Füllkissen

Wenn Sie Granulat verwenden, sollten Sie ein Füllkissen nähen. Dafür den Baumwollstoff rundum mit Zickzackstich versäubern, dann rechts auf rechts auf die Hälfte zusammenfalten, so dass ein 110 x 23 cm großes Stück entsteht. Alle Kanten bis auf eine 20 cm große Füllöffnung auf einer langen Seite zusammensteppen. Bezug wenden. Füllkissen mit Granulat füllen. Die Öffnung provisorisch heften und das Füllkissen in den Bezug stecken um auszuprobieren, ob die Füllung ausreicht. Dabei deutlich fester stopfen als gewohnt, da die Füllung im Gebrauch um einiges lockerer wird. Zum Schluss die Füllöffnung mit einer Steppnaht schließen. Füllkissen in den Bezug stopfen und die Wendeöffnung von Hand oder mit der Maschine schließen.

Tipp

Die Größe des Nackenkissens richtet sich nach der Größe der Kinderjeans, denn die Hosenbeine werden einfach abgeschnitten und zusammengenäht. Der Jeansstoff sollte nicht zu dick und schön weich im Griff sein, so dass er sich zum Anschmiegen eignet. Wer lieber Meterware verwenden möchte, benötigt ein 38 x 102 cm großes Stück weichen Jeansstoff.

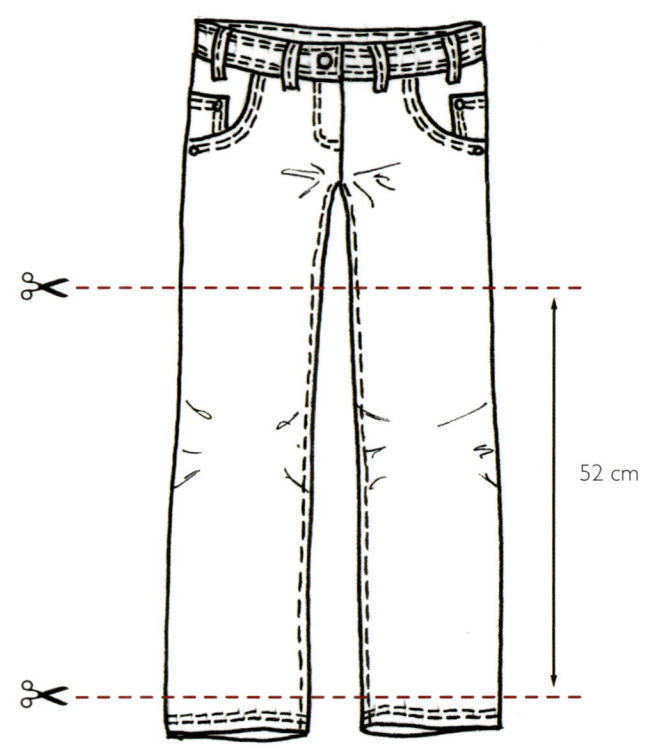

52 cm

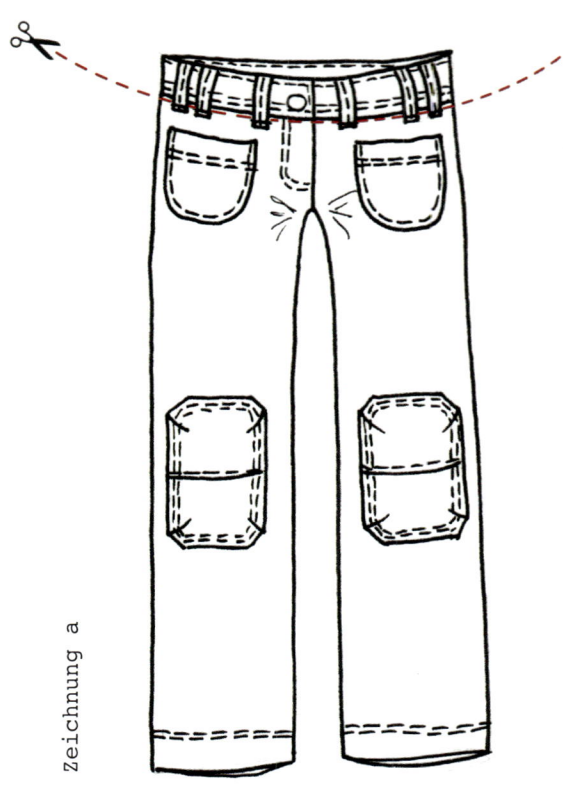

Zeichnung a

ZOPFGUMMIS, SPÄNGCHEN, PERLEN, MÜNZEN, KAUGUMMIPAPIERCHEN, SAMMELBILDER, EINTRITTSKARTEN, SÖCKCHEN, PUPPENKLEIDUNG UND, UND, UND… EINFACH UNGLAUBLICH, WAS MAN IN DEN HOSEN-TASCHEN DER MÄDELS SO ALLES FINDEN KANN! DER TASCHENGÜRTEL MACHT AUS DER NOT EINE TUGEND, SCHAFFT NOCH MEHR PLATZ FÜR WICHTIGE SCHÄTZE UND IST NEBENBEI NOCH SEHR HÜBSCH ANZUSEHEN!

Material

- alte Kinderjeans, Bundweite etwas größer als die des Kindes
- alte Jeans mit aufgesetzten Taschen (man benötigt 4 Taschen)
- farblich passendes Nähgarn

Nähanleitung

1. Schneiden Sie den gesamten Hosenbund knappkantig so von der Kinderjeans ab, dass die Gürtelschlaufen erhalten bleiben (Zeichnung a). Gürtelschlaufen gegebenenfalls abtrennen, wenn sie nochmals unterhalb des Bundes an der Hose festgenäht sein sollten.

2. Die Taschen rundum knappkantig ausschneiden, nur an der oberen Kante einen 2 cm breiten Rand stehen lassen (Zeichnung b).

3. Taschen am Hosenbund anordnen (der 2 cm breite Rand liegt auf der Bundrückseite), festheften und von rechts doppelt feststeppen.

Tipp

Noch schöner wird der Taschengürtel, wenn Sie ein Zierband oder andere Verzierungen aufnähen.

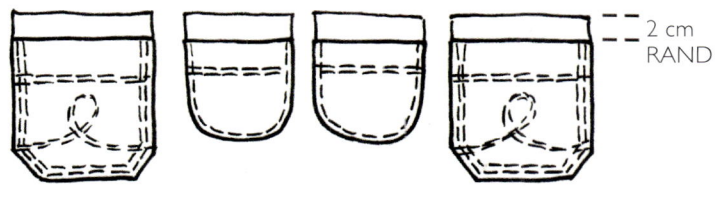

2 cm RAND

Zeichnung b

HIER MÖCHTE ICH IHNEN KEINE „EINS ZU EINS"- ARBEITSANLEITUNG GEBEN, SONDERN AN DIESEN DREI MODELLEN ZEIGEN, WIE VIEL SPASS ES MACHT, EIGENE KINDERMODE AUS EIN PAAR ALTEN T-SHIRTS ZU KREIEREN. ICH LEGE OFT EINFACH LOS (MANCHMAL NEHME ICH MIR EIN GUT SITZENDES KLEIDUNGSSTÜCK MEINER KINDER ALS VORBILD) – OHNE SCHNITTMUSTER UND MASSVORGABEN. OFT IST DAS PRODUKT, DAS SO ENTSTEHT, EIN GANZ ANDERES, ALS ICH IM KOPF HATTE! DAS IST FÜR MICH DAS SCHÖNE AM RECYCLING – DA DAS AUSGANGSMATERIAL KEIN TEUER GEKAUFTER STOFF IST, KANN MAN ENTSPANNT LOSLEGEN. UND WENN DOCH EINMAL ETWAS SCHIEFGEHEN SOLLTE, MUSS MAN SICH NICHT ÄRGERN. AUS FEHLERN LERNT MAN, UND AUF DER SUCHE NACH EINER LÖSUNG ENTSTEHEN OFT BESONDERS KREATIVE DINGE !

ALS AUSGANGSMATERIAL FÜR DIESE MODEIDEEN HABE ICH EIN PAAR AUSGEMUSTERTE T-SHIRTS ZUSAMMEN-GESTELLT, DIE FARBLICH GUT ZUSAMMENPASSEN UND DEREN GEMEINSAMKEIT PUNKTE UND STREIFEN SIND.

Gepunkteter Rock

Material
- Bündchenware, Rippware oder T-Shirt mit hohem Elasthananteil
- gepunktetes T-Shirt
- gestreiftes T-Shirt
- farblich passendes Nähgarn
- Jerseynadel

(siehe „Jersey nähen", Seite 179)

Schnittteile (Gr. 116/122)
Rockbund: doppelte Bündchenhöhe x ca. Hüftumfang (hier 18 x 50 cm) aus hellblauer Rippware
Rockteil (Zeichnung a): 2 x aus Punkteshirt
Saumblende: 2 x aus Streifenshirt
Bindeband: 90 x 4 cm aus Streifenshirt

Tipp
Fertigen Sie sich mit Hilfe eines gut sitzenden Kleidungsstückes Ihren Schnitt einfach selbst (siehe Workshop Seite 178). Wer sich unsicher fühlt oder noch nicht viel Näherfahrung besitzt, kann sich auch ein einfaches, gekauftes Schnittmuster zur Hand nehmen und die Schnittteile aus gebrauchten T-Shirts zusammenstellen und zusammennähen.

ROCK GR. 116/122

MASSE FÜR ANDERE GRÖSSEN KÖNNEN
AUSGEHEND VON DER BUNDWEITE
ABGELEITET WERDEN.

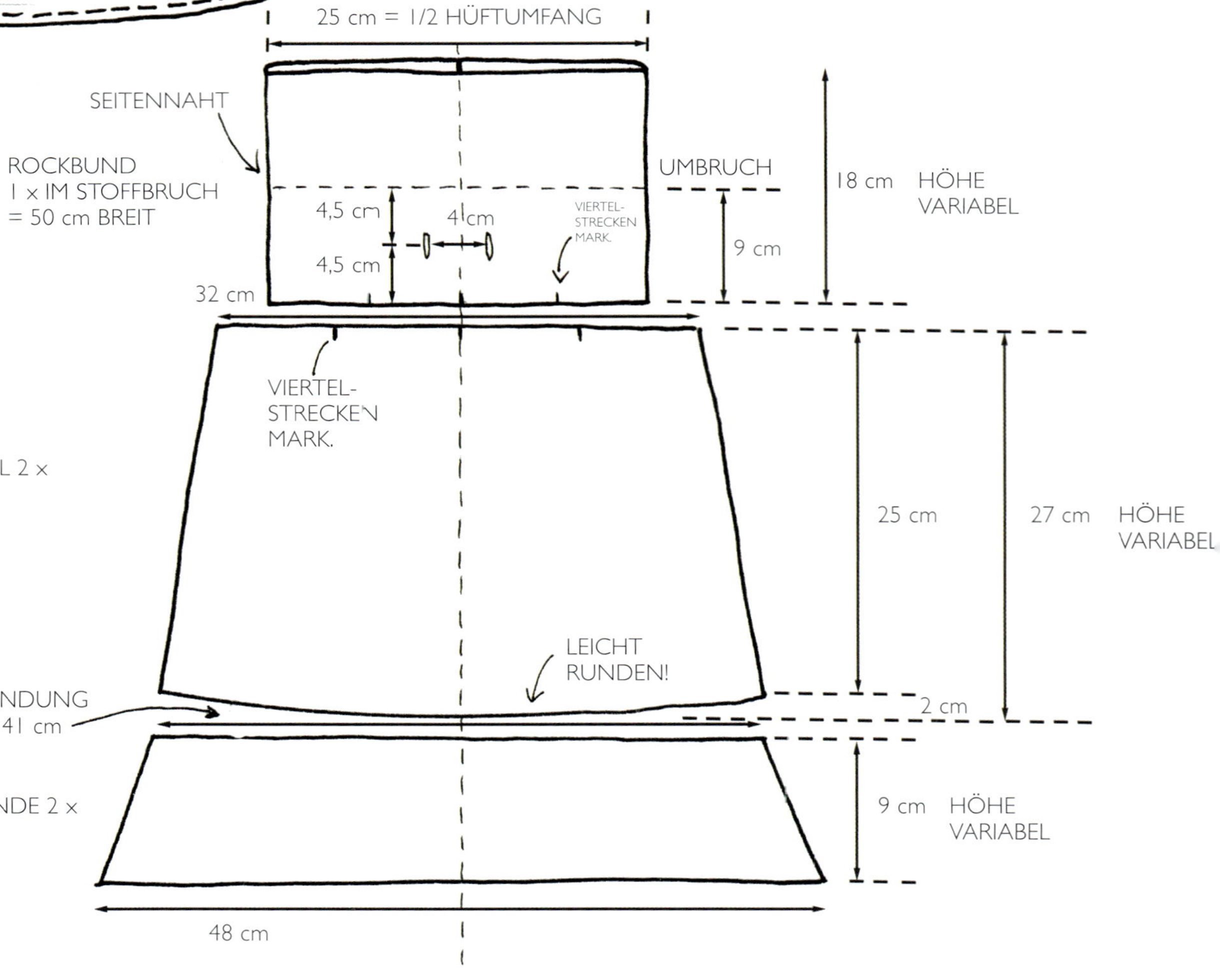

25 cm = 1/2 HÜFTUMFANG

SEITENNAHT

ROCKBUND
1 × IM STOFFBRUCH
= 50 cm BREIT

UMBRUCH

18 cm   HÖHE
VARIABEL

4,5 cm

4 cm

VIERTEL-
STRECKEN
MARK.

9 cm

4,5 cm

32 cm

VIERTEL-
STRECKEN
MARK.

ROCKTEIL 2 ×

25 cm

27 cm   HÖHE
VARIABEL

LEICHT
RUNDEN!

FÜR DIESES MASS: RUNDUNG
ROCKTEIL MESSEN = 41 cm

2 cm

zeichnung a

SAUMBLENDE 2 ×

9 cm   HÖHE
VARIABEL

48 cm

SCHNITTTEIL OHNE NAHTZUGABE!

Nahtzugaben

Beim Zuschnitt bitte rundum 1 cm Nahtzugabe dazugeben, an der unteren Kante der Saumblende 2 cm zugeben. Beim Bindeband sind keine Nahtzugaben erforderlich.

Nähanleitung

1. Alle Teile zuschneiden.

Rockbund in der gewünschten Breite und Höhe mit 1 cm Nahtzugabe zuschneiden. Die Bundbreite so festlegen, dass der Rockbund bequem über die Hüfte gezogen werden kann. Wichtig: Der Bund muss doppelt so hoch wie die endgültige Bundhöhe zugeschnitten werden, da er später doppellagig angesteppt wird.

2. Saumblenden rechts auf rechts an die Rockteile heften und feststeppen. Die Nahtzugaben zusammen mit Zickzackstich versäubern und nach unten bügeln.

3. Legen Sie die Rockteile rechts auf rechts aufeinander. Seitennähte heften und zusammensteppen und die Nähte mit Zickzackstich versäubern.

4. Die untere Saumkante mit Zickzackstich versäubern, 2 cm nach innen umbügeln und heften.
Kante feststeppen.

5. Steppen Sie den Rockbund zu einem Schlauch zusammen: rechts auf rechts zusammenklappen, die kurzen Seiten treffen aufeinander. Seitennaht mit Stretchstich oder kleinem Zickzackstich zusammensteppen. Schlauch auf rechts wenden.

6. Rockbund mit der rechten Seite außen doppelt zusammenklappen, so dass die Bundnaht genau in der hinteren Mitte liegt und bügeln. Die Seiten und die Viertelstrecken an den vorderen und rückwärtigen Bundkanten markieren. An der oberen Rockkante ebenfalls die Viertelstrecken markieren.

7. Rockbund mit Stecknadeln rechts auf rechts an den Rock heften. Setzen Sie dabei zunächst die Bundnaht auf die hintere Mitte des Rocks und stecken Sie dann die Teile Markierung für Markierung zusammen.

8. Bund an einer Seitennaht beginnend mit Stretchstich oder Zickzackstich an den Rock steppen, der Bund liegt dabei oben. Beim Zusammensteppen die Rippware/den Bund zwischen den Strecken (immer von einer Stecknadel zur nächsten) so dehnen, dass Rockkante und Bundkante glatt zusammengesteppt werden. Nahtzugaben in gedehntem Zustand mit Zickzackstich versäubern.

9. Rockbund hochklappen und die Nahtzugaben nach unten bügeln. Schlitze für das Bindeband auf dem Rockbund einzeichnen und vorsichtig mit einer kleinen Schere einschneiden. Die Schlitze von Hand mit einem Knopflochstich versäubern.

10. Zuletzt das Bindeband einziehen und in der Mitte der hinteren Naht mit der Nähmaschine feststeppen. Die Enden des Bindebandes verknoten.

146

Gepunktetes Neckholder-Kleid

Material
- Bündchenware, Rippware oder T-Shirt mit hohem Elasthananteil
- gepunktetes großes T-Shirt
- gestreiftes T-Shirt
- Gummiband 0,7 cm breit, ca. 20 cm
- farblich passendes Nähgarn
- Jerseynadel

Schnittteile (Gr. 128/134)
Bündchen: doppelte Bündchenhöhe x Brustumfang
(hier 18 x 56 cm)

Rock (Zeichnung b): 2 x aus gepunktetem T-Shirt

Saumblende: 2 x aus gestreiftem T-Shirt (14 x 40 cm)

Träger: 2 Streifen aus gestreiftem T-Shirt
(45 x 8 cm)

Taschen (Zeichnung c): 2 x aus T-Shirt-Ärmel

Nahtzugaben
Beim Zuschnitt bitte rundum 1 cm Nahtzugabe dazugeben. Beim Trägermaß ist eine Nahtzugabe von 1 cm
schon enthalten. Die Taschen ohne Nahtzugabe zuschneiden.

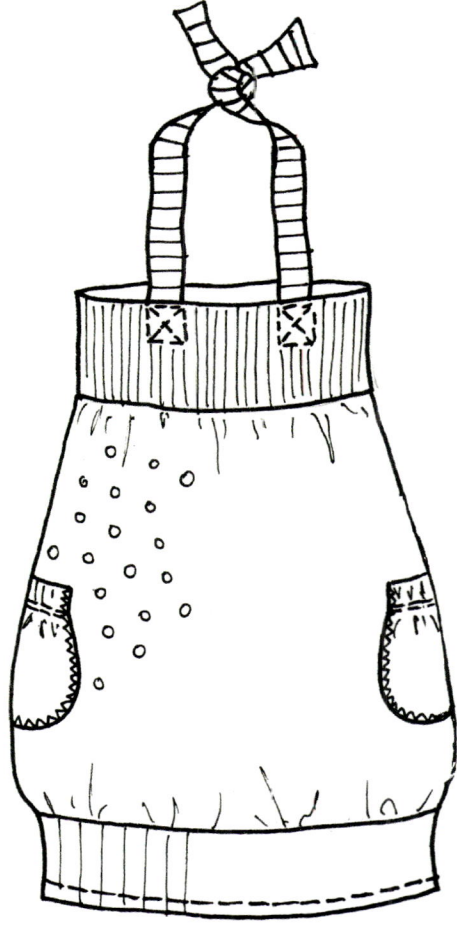

an den Taschen einziehen (Zeichnung c). Gummiband an einer Seite feststeppen und so spannen, dass die obere Taschenkante etwas gerafft wird. Das andere Ende des Gummibandes ebenfalls knapp an der Kante feststeppen.

3. Taschen auf die Seitennähte des Kleidchens heften und knappkantig entlang der unversäuberten Kanten mit Zickzackstich feststeppen.

4. Bündchen zu einem Schlauch zusammensteppen: Rechts auf rechts zusammenklappen, die kurzen Seiten treffen aufeinander. Seitennaht mit Stretchstich oder Zickzackstich zusammensteppen. Schlauch auf rechts wenden.

5. Bündchen mit der rechten Seite außen doppelt zusammenklappen, so dass die Bundnaht auf einer Seite liegt und bügeln. Die Seiten und die Viertelstrecken an den vorderen und rückwärtigen Bundkanten markieren.

6. Die Viertelstrecken zwischen den Seitennähten an Vorder- und Rückteil der oberen Kleidchenkante ebenfalls einzeichnen.

7. Bündchen mit Stecknadeln rechts auf rechts an das Kleidchenteil heften. Dabei zunächst die Bundnaht auf eine Seitennaht setzen, dann die Teile Markierung für Markierung zusammenstecken.

8. Bündchen an einer Seitennaht beginnend mit Stretchstich oder Zickzackstich an das Kleidchenteil steppen, das Kleidchen liegt dabei unten, das Bündchen oben. Beim Zusammensteppen das Bündchen zwischen den Strecken (immer von einer Stecknadel zur nächsten) so dehnen,

Nähanleitung

1. Alle Schnittteile wie oben beschrieben aus den T-Shirts ausschneiden. Die Schnittteile für den Rock des Kleides rechts auf rechts legen, Seitennähte heften und zusammensteppen (siehe „Jersey nähen", Seite 179). Die Nahtzugaben zusammen mit Zickzackstich versäubern. Bündchen in der gewünschten Breite und Höhe mit 1 cm Nahtzugabe zuschneiden. Bestimmen Sie die Bündchenbreite so, dass der Bund fest, aber bequem über der Brust sitzt. Wichtig: Das Bündchen muss doppelt so hoch wie die endgültige Höhe zugeschnitten werden, da es später doppellagig angesteppt wird.

2. Gummiband teilen und in den noch vorhandenen Ärmelabschlusssaum (jetzt die obere Kante der Tasche)

148

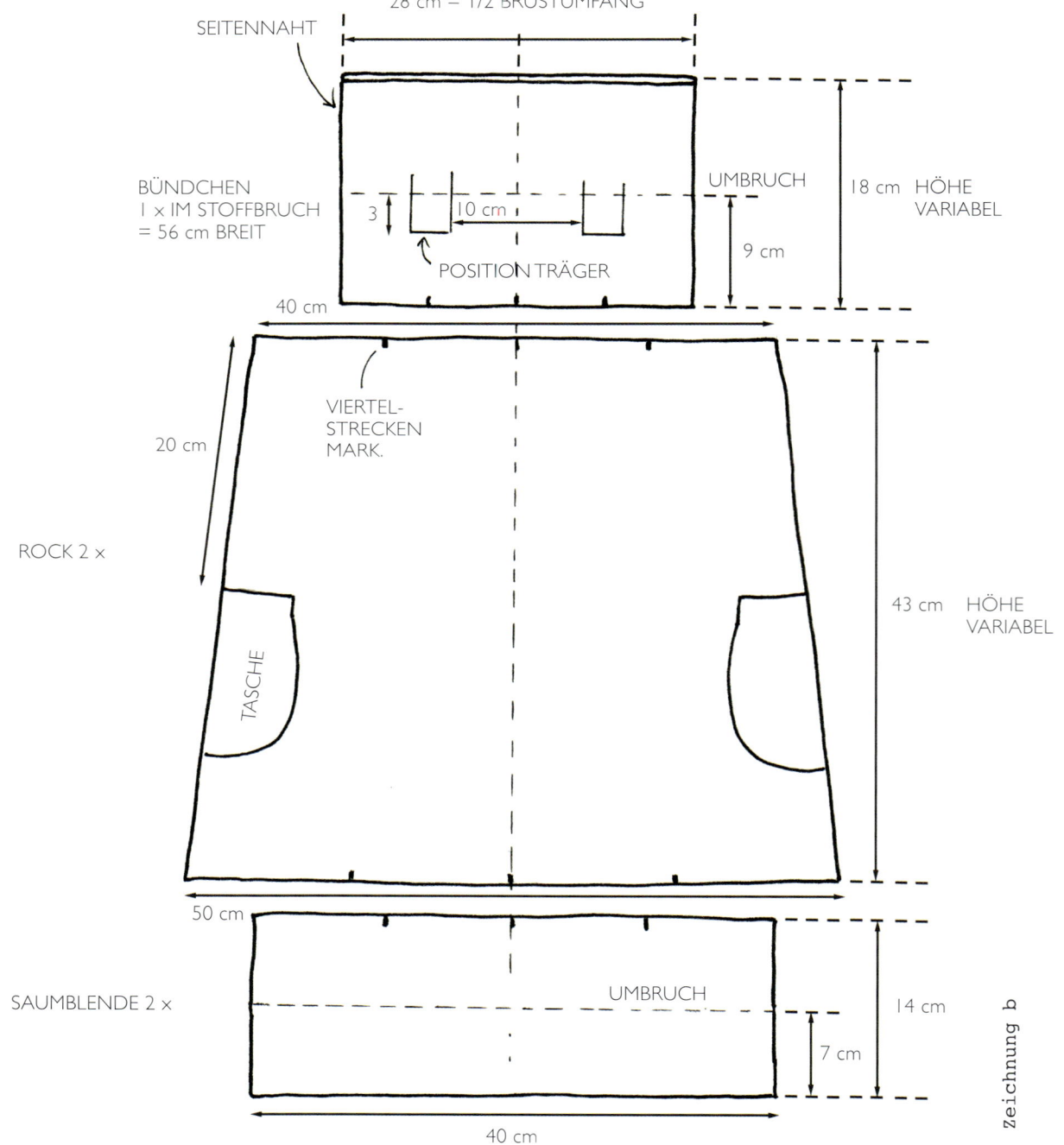

SEITENNAHT

28 cm = 1/2 BRUSTUMFANG

BÜNDCHEN
1 × IM STOFFBRUCH
= 56 cm BREIT

3

10 cm

POSITION TRÄGER

UMBRUCH

18 cm   HÖHE
VARIABEL

9 cm

40 cm

VIERTEL-
STRECKEN
MARK.

20 cm

ROCK 2 ×

TASCHE

43 cm   HÖHE
VARIABEL

50 cm

SAUMBLENDE 2 ×

UMBRUCH

14 cm

7 cm

40 cm

Zeichnung b

dass Kleidchenkante und Bündchenkante glatt zusammengesteppt werden. Nahtzugaben in gedehntem Zustand mit Zickzackstich versäubern. Bündchen hochklappen, Nahtzugaben nach unten bügeln.

9. Die Stoffstreifen für die Träger der Länge nach rechts auf rechts zusammenklappen, heften und mit dehnbarem Stich zusammensteppen. Mit Hilfe einer Sicherheitsnadel auf rechts wenden und so bügeln, dass die Naht in der Mitte einer Seite liegt.

10. Trägerposition am besten bei einer Anprobe ermitteln (Zeichnung b). Träger vorne am Bündchen festheften (die Naht liegt auf der Innenseite) und mit einem Rechteck feststeppen. Die Enden der Träger verknoten.

11. Saumblende rechts auf rechts legen, Seitennähte heften und mit Stretchstich oder Zickzackstich zusammensteppen. Saumblende mit der rechten Seite außen doppelt zusammenklappen. An der Kante die Viertelstrecken vorne und hinten markieren. An der unteren Kleidchenkante ebenfalls die Viertelstrecken vorne und hinten markieren.

12. Saumblende mit Stecknadeln rechts auf rechts an das Kleidchenteil heften. Dabei zunächst die Bundnähte auf die Seitennähte setzen, dann die Teile Markierung für Markierung zusammenstecken.

13. Saumblende an einer Seitennaht beginnend mit Stretchstich oder Zickzackstich an das Kleidchenteil steppen, das Kleidchen liegt dabei unten, die Saumblende oben. Beim Zusammensteppen die Saumblende zwischen den Strecken (immer von einer Stecknadel zur nächsten) so dehnen, dass Kleidchenkante und Blendenkante glatt zusammengesteppt werden. Nahtzugaben in gedehntem Zustand mit Zickzackstich versäubern. Saumblende nach unten klappen, Nahtzugaben nach oben bügeln.

14. Zum Schluss die untere Saumkante 3 cm breit absteppen.

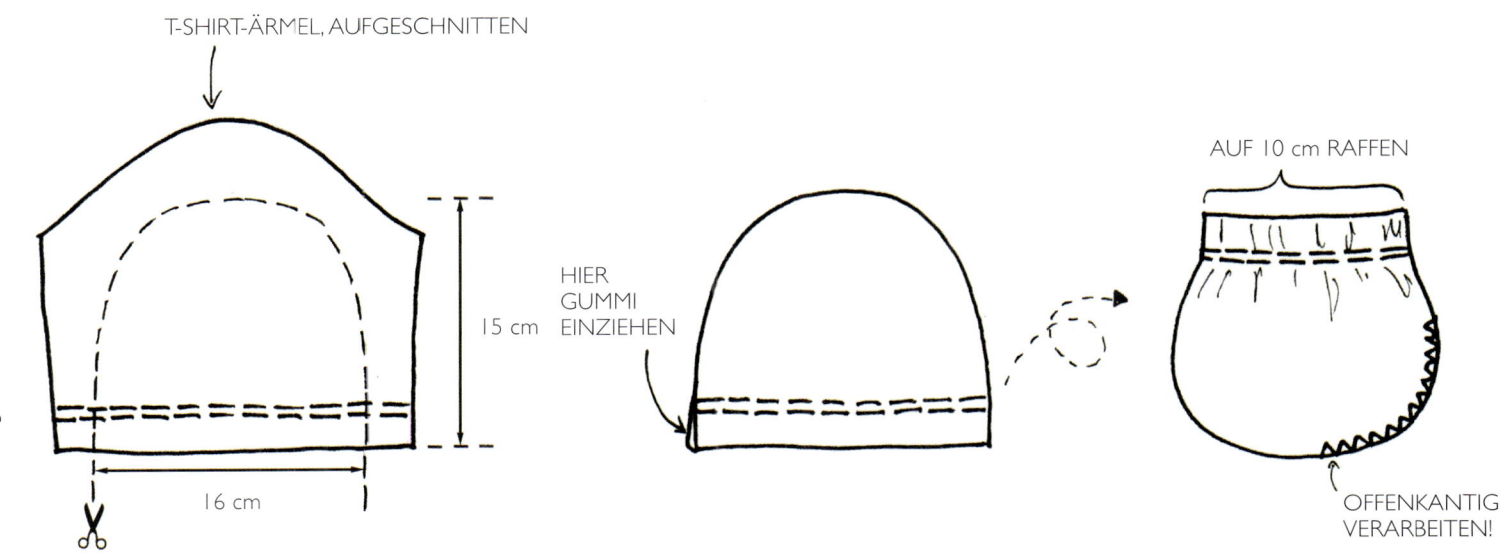

Zeichnung c

T-SHIRT-ÄRMEL, AUFGESCHNITTEN

15 cm

16 cm

HIER GUMMI EINZIEHEN

AUF 10 cm RAFFEN

OFFENKANTIG VERARBEITEN!

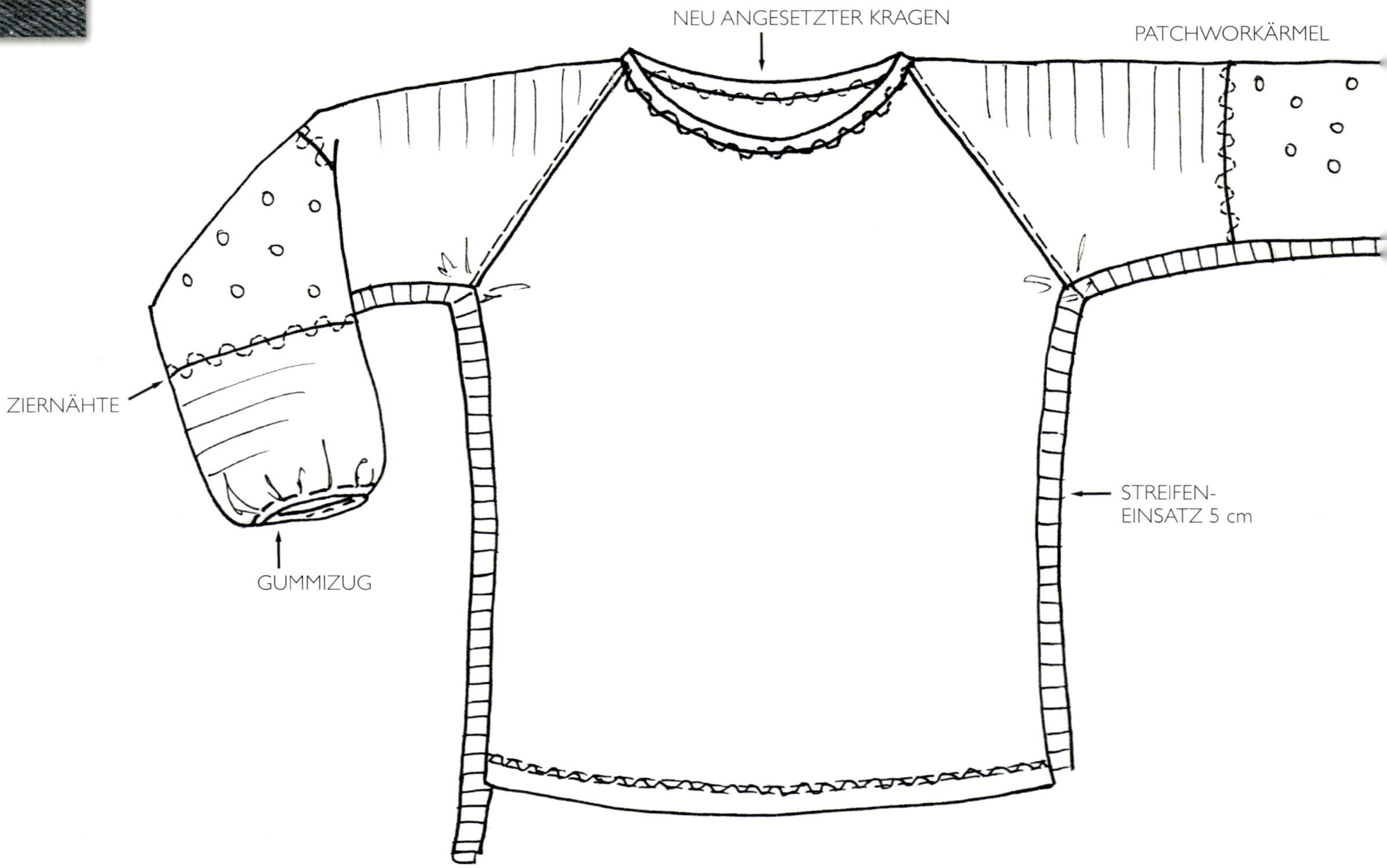

NEU ANGESETZTER KRAGEN

PATCHWORKÄRMEL

ZIERNÄHTE

GUMMIZUG

STREIFEN-
EINSATZ 5 cm

Patchwork-Punkte-Pulli

Material
- grünes T-Shirt (Body)
- verschiedene gepunktete und gestreifte T-Shirt-Reste
- Gummiband
- farblich passendes Nähgarn
- Jerseynadel

(Siehe „Jersey nähen", Seite 179.)

Hier habe ich ein gut sitzendes Langarmshirt ausgemessen und einen Papierschnitt für Body und Ärmel angefertigt. Wie man einfache Schnitte selbst anfertigt, lesen Sie im Workshop auf Seite 178. Die Schnittteile habe ich dann aus den verschiedenen T-Shirt-Resten zusammengesetzt. Der lustige Streifen entlang der kompletten Seiten- und Ärmelnähte war gar nicht geplant, sondern entstand daraus, dass das T-Shirt zu eng war. Deshalb habe ich es entlang der oben genannten Nähte wieder aufgeschnitten und einen 5 cm breiten und entsprechend lang zusammengesetzten Streifen eingenäht.

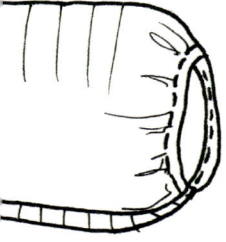

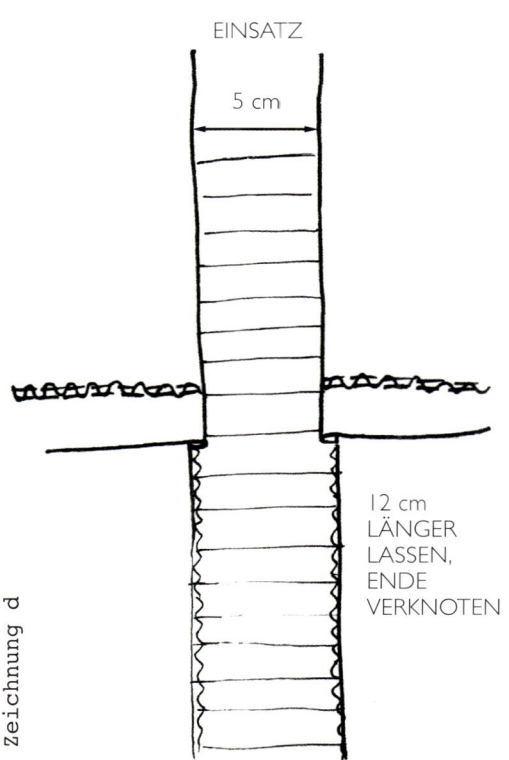

EINSATZ

5 cm

12 cm
LÄNGER
LASSEN,
ENDE
VERKNOTEN

Zeichnung d

Ein hübsches Detail ist das verknotete, über die Naht hinausstehende Ende des Streifeneinsatzes (Zeichnung d). In die Ärmel habe ich vorne ein Gummiband eingezogen.

WER SPASS DARAN HAT, KLEIDUNG FÜR KINDER ZU NÄHEN, WIRD FESTSTELLEN, DASS MIT ZUNEHMENDEM ALTER NICHT MEHR ALLES SELBST GENÄHTE SO BEGEISTERT ANGENOMMEN WIRD WIE FRÜHER. HIER MÖCHTE ICH ZEIGEN, WIE SIE DENNOCH OHNE VIEL AUFWAND T-SHIRTS ODER KLEIDUNG SO GESTALTEN KÖNNEN, DASS AUCH ÄLTERE KIDS SIE NOCH COOL FINDEN UND GERNE TRAGEN.

Die Grundidee: Aufgenähte Motive, selbst entworfene Patches (z.B. Taschen- oder Ellbogenpatches) werden so mit Druckmotiven kombiniert, dass aus einem langweiligen T-Shirt ein individuelles Einzelstück wird. Für dieses Projekt brauchen Sie etwas Erfahrung mit einem einfachen Bildbearbeitungsprogramm am PC. Oder Sie lassen die ausgesuchten Motive im Copyshop auf die richtige Größe bringen und dort auch gleich das Bedrucken erledigen.

Als Motive habe ich eine technische Segelbootzeichnung und eine Windrose ausgesucht, die Jeansapplikationen sind Reststücke aus Jeanshemden, die ich als Kissen wiederverwertet hatte.

Besonders cool sind Drucke, die entlang der Seiten- oder Ärmelnähte verlaufen oder die z.B. direkt über eine Naht oder an eine Kante gesetzt werden! Überlegen Sie zunächst, welches Thema Sie verarbeiten möchten (z.B. Nautik, Sport, Tiere, Natur, Surfen, Comic, Oldtimer, Fußball, um nur wenige zu nennen). Suchen Sie dann im Internet oder in Büchern geeignete Motive und auch kurze Texte dazu heraus. Die Motive und Texte werden nun am Bildschirm bearbeitet und mit einem Tintenstrahldrucker auf spezielles Transferdruckpapier (Transferfolie, Textilfolie — Anleitung beachten!) spiegelverkehrt ausgedruckt. Diese Ausdrucke schneiden Sie knappkantig aus und bügeln sie nach Anleitung auf den Stoffuntergrund, z.B. ein T-Shirt.

Tipp

Es lohnt sich, hochwertiges und dadurch etwas teureres Transferdruckpapier zu nehmen, sonst löst sich der Druck schon nach einigen Wäschen wieder ab!

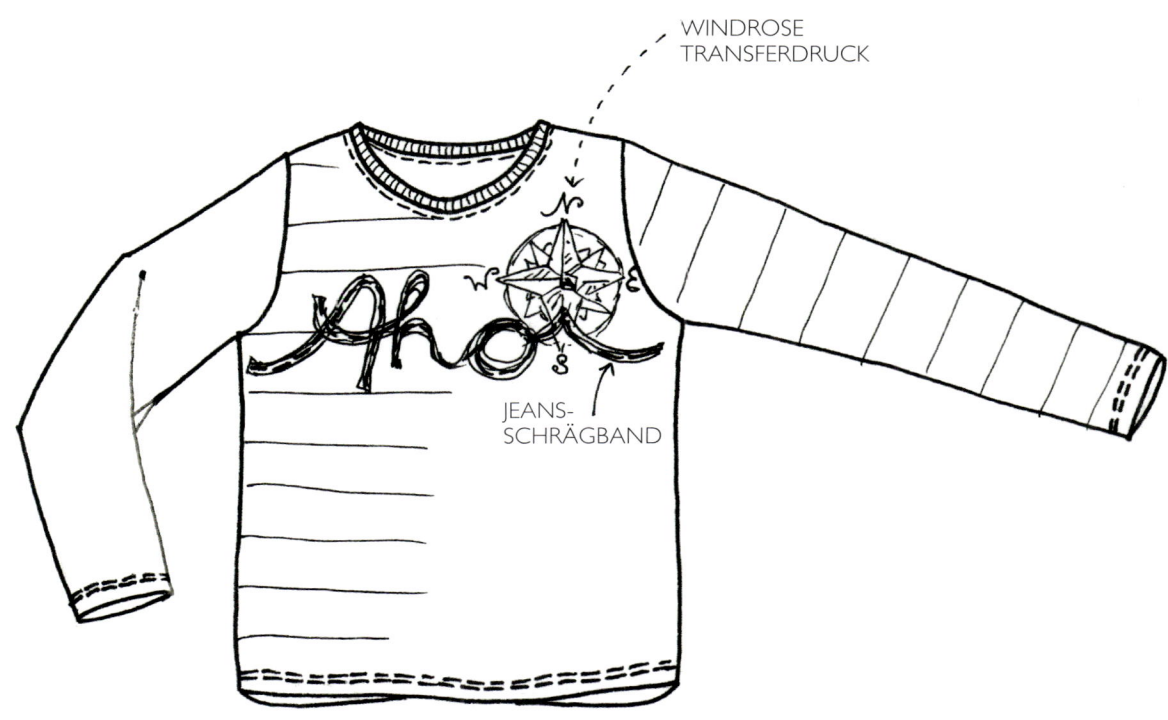

WINDROSE
TRANSFERDRUCK

JEANS-
SCHRÄGBAND

Shirt mit Windrose

Material

- gestreiftes Shirt
- schräg zugeschnittene, ca. 2 cm breite Streifen aus Jeansstoff
- Motiv „Windrose, groß" (siehe Anhang), auf Transferdruckpapier ausgedruckt
- farblich passendes Nähgarn
- Jerseynadel

Anleitung

1. Schriftzug „Ahoi" (Schriftzug Seite 42) auf Shirt-Größe anpassen und mit Schneiderkreide oder Markierstift auf das Shirt übertragen. Die Schrägbänder entlang der Markierungen mit Zickzack- oder Geradstich in der Bandmitte aufsteppen. Die Bänder ca. 1,5 cm überlappend aneinandersetzen.

2. Motiv „Windrose" über dem Schriftzug positionieren und nach Anleitung aufbügeln.

156

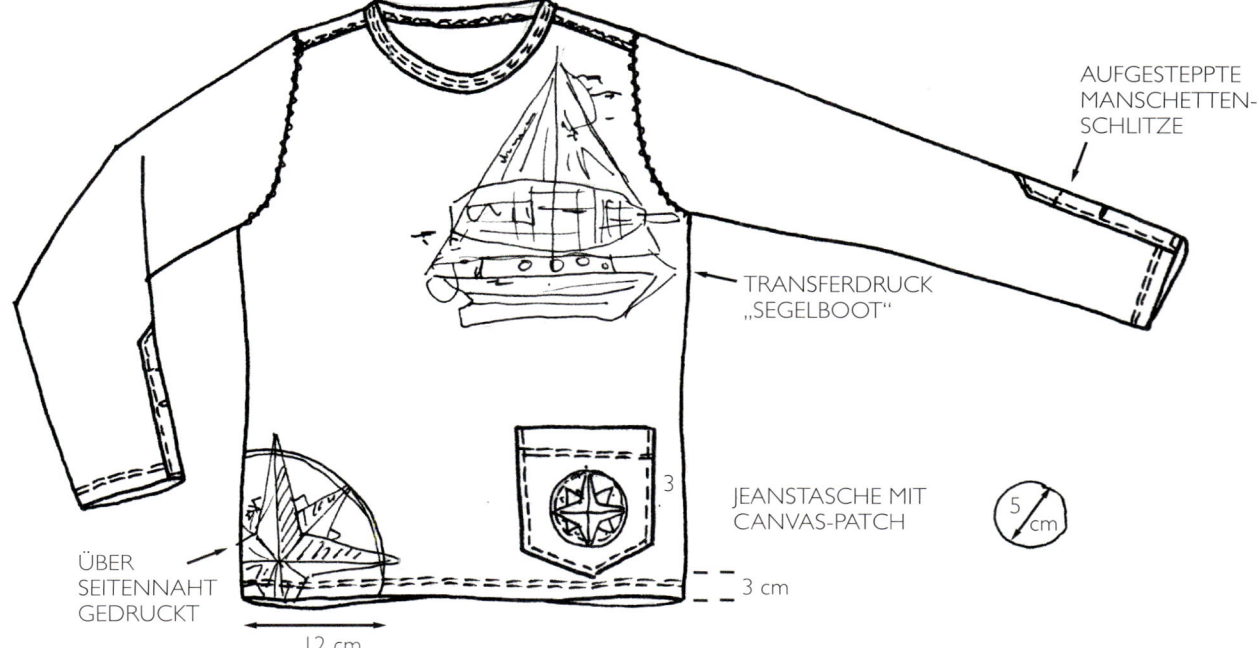

AUFGESTEPPTE MANSCHETTEN-SCHLITZE

TRANSFERDRUCK „SEGELBOOT"

JEANSTASCHE MIT CANVAS-PATCH

ÜBER SEITENNAHT GEDRUCKT

12 cm

3 cm

5 cm

Shirt mit Schiffszeichnung

Material

- weißes Langarm-Shirt
- abgetrennte Tasche von einem Jeanshemd
- abgeschnittene Manschettenschlitze von einem Jeanshemd
- Motiv „Windrose, groß" (siehe Anhang), auf Transferdruckpapier ausgedruckt
- Motiv „Segelboot" (siehe Anhang), auf Transferdruckpapier ausgedruckt
- Motiv „Windrose, klein" (siehe Anhang), auf Transferpapier ausgedruckt
- rundes Stück Canvas, ø 5 cm
- farblich passendes Nähgarn
- Jerseynadel

Nähanleitung

1. Die kleine Windrose auf das runde Stück Canvas übertragen.

2. Den runden Aufnäher auf die Jeanstasche steppen. Die Kante muss nicht versäubert werden, da der fransige Rand hier gut passt.

3. Die Jeanstasche auf das Shirt heften und feststeppen.

4. Manschettenschlitze ebenfalls mit unversäuberten Schnittkanten auf die rückwärtigen Ärmel steppen.

5. Platzieren Sie die große Windrose auf der linken Seitennaht direkt über dem Saum und bügeln Sie sie nach Anleitung auf.

6. Das Segelboot-Motiv auf dem Shirt positionieren und nach Anleitung aufbügeln.

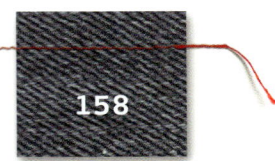

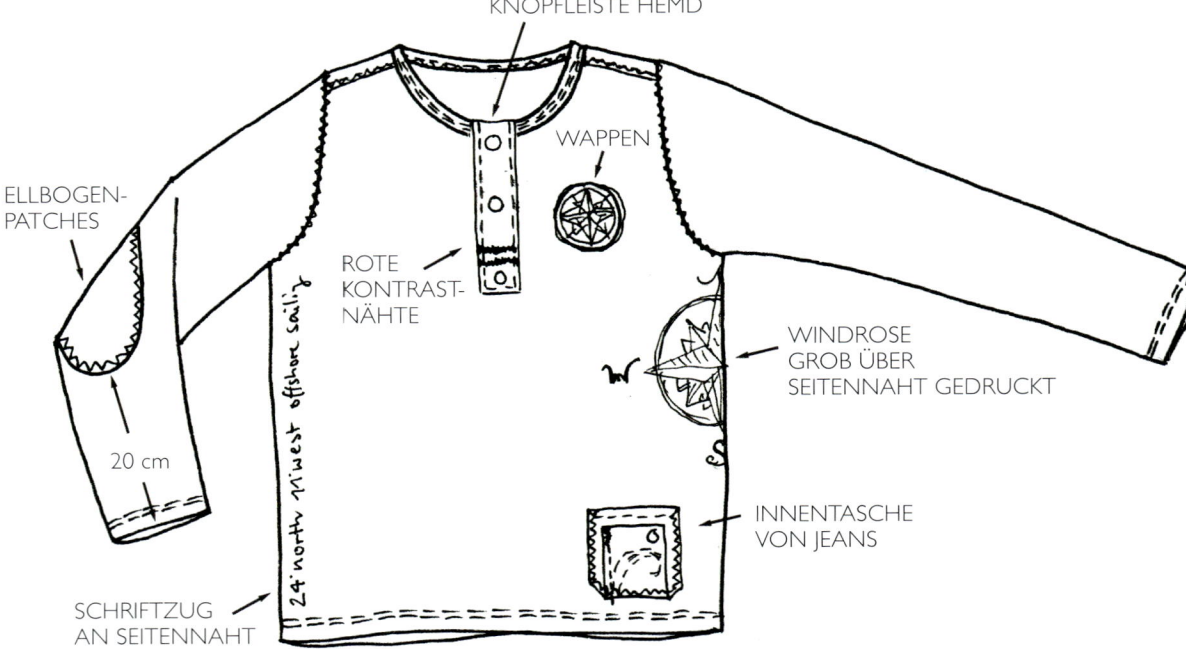

KNOPFLEISTE HEMD

WAPPEN

ELLBOGEN-
PATCHES

ROTE
KONTRAST-
NÄHTE

WINDROSE
GROB ÜBER
SEITENNAHT GEDRUCKT

20 cm

24°north miwest offshore sailing

INNENTASCHE
VON JEANS

SCHRIFTZUG
AN SEITENNAHT

Shirt mit Windrosen-Wappen

Material

- weißes Langarm-Shirt
- ausgeschnittene kleine Tasche (Innentasche von Jeans)
- abgeschnittenes Stück Knopfleiste von einem Jeanshemd
- gestreifter Stoffrest
- kleiner Jeansstoffrest
- 2 ovale Ellbogenpatches aus Jeansstoff (ca. 10 x 14 cm)
- Motiv „Windrose, groß" (siehe Anhang), auf Transferdruckpapier ausgedruckt
- Motiv „Windrose, klein" (siehe Anhang), auf Transferdruckpapier ausgedruckt
- Motiv „Schriftzug" (siehe Anhang), auf Transferdruckpapier ausgedruckt
- farblich passendes Nähgarn
- rotes Nähgarn
- Jerseynadel

Nähanleitung

1. Das obere Ende der Knopfleiste 2 cm, das untere Ende 1 cm auf links umbügeln. Die Knopfleiste so auf das Shirt heften, dass die obere Kante um den Kragen geklappt wird. Knopfleiste feststeppen. Mit rotem Garn und sehr eng gestelltem Zickzackstich zwei Kontrastnähte auf die Knopfleiste steppen.

2. Die Ellbogenpatches auf die Ärmel heften und rundum im Zickzackstich feststeppen.

3. Die kleine Jeanstasche auf das Shirt heften und rundum im Zickzackstich feststeppen.

4. Für das Wappen die kleine Windrose auf Transferdruckpapier ausdrucken und auf ein gestreiftes Stück Stoff aufbügeln. Den Stoff kreisrund zuschneiden und mit Zickzackstich auf ein etwas größeres rundes Stück Jeansstoff aufsteppen.

5. Das fertige Wappen rechts neben die Knopfleiste heften und mit Geradstich feststeppen.

6. Das große Windrosenmotiv auf die rechte Seitennaht direkt unter dem Ärmel positionieren und nach Anleitung aufbügeln.

7. Das Motiv „Schriftzug" direkt entlang der linken Seitennaht auf dem Shirt positionieren und nach Anleitung aufbügeln.

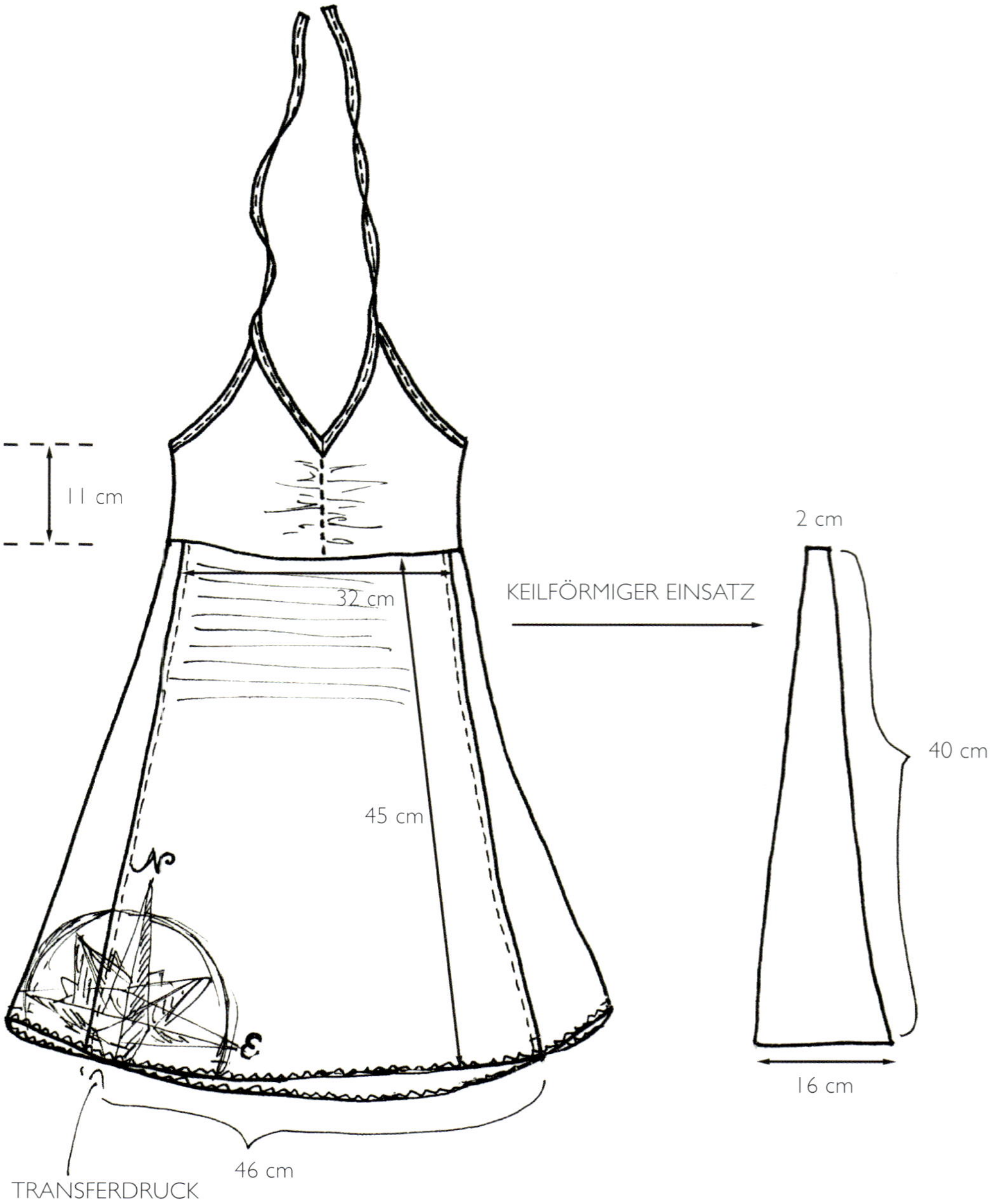

11 cm

32 cm

45 cm

46 cm

TRANSFERDRUCK

KEILFÖRMIGER EINSATZ

2 cm

40 cm

16 cm

Neckholder-Kleid mit Aufdruck

Material

- weißes Trägertop
- rot-weiß gestreiftes T-Shirt
- Reststück eines grauen T-Shirts
- Motiv „Windrose, groß" (siehe Anhang),
  auf Transferdruckpapier ausgedruckt
- farblich passendes Nähgarn
- Jerseynadel

Nähanleitung

Trägertop 11 cm unter der Ärmelnaht gerade abschneiden und rechts auf rechts an ein Kleidchenteil nähen, das zuvor aus einem gestreiften T-Shirt und seitlich eingesetzten Keilen (siehe Zeichnung) zusammengesetzt wurde. Die untere Kante einfach nur mit Zickzackstich versäubern (siehe „Jersey nähen", Seite 179).
Motiv „Windrose" überlappend über dem unteren linken Saumrand positionieren und nach Anleitung aufbügeln.

EINE WEITERE NETTE IDEE FÜR FRÖHLICHE MATROSENMÄDCHEN IST DIESES KLEID AUS ZWEI GESTREIFTEN T-SHIRTS MIT EINER UNKONVENTIONELLEN UND „NAUTISCHEN" LÖSUNG FÜR DIE TRÄGER. EIN ECHTER SEEMANNSKNOTEN IST ES ZWAR NICHT, DER SIE FIXIERT, ABER DER VERKNOTETE STOFFSTREIFEN PASST GUT ZUM STIL DES KLEIDES UND IST NOCH DAZU EINFACH UND PRAKTISCH UMZUSETZEN.

Den oberen Teil habe ich direkt aus einem Top für Erwachsene ausgeschnitten und konnte somit den Halsausschnitt unverändert übernehmen. Den Armlochverlauf und die Seitennähte habe ich dagegen von einem gut sitzenden Kindertop übernommen.

Den Ärmelsaum habe ich einfach 0,5 cm nach innen umgebügelt und mit Zickzackstich festgesteppt.

Das Rockteil war einmal das untere Stück eines weiteren T-Shirts. Die beiden Teile habe ich rechts auf rechts zusammengesteppt. Wichtig fürs Gelingen ist es hier, bei beiden Kanten die Viertelstrecken vorne und hinten zu markieren, die Teile dann Markierung für Markierung zusammenzustecken und in gedehntem Zustand mit Stretchstich zusammenzusteppen.

Statt die Träger anzunähen, habe ich Ösen eingeschlagen, die Träger eingezogen und durch dicke Knoten fixiert. Das Häkelmotiv ist ebenfalls „handmade".

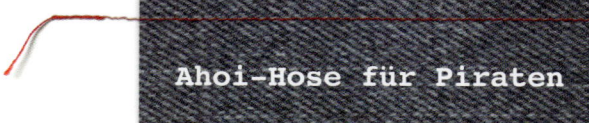
KINDERJEANS KAUFEN KANN JEDER, SELBER NÄHEN MACHT ABER MEHR SPASS UND IST DEUTLICH KREATIVER ! PROBIEREN SIE ES AUS – RECYCLEN SIE EINE GROSSE ERWACHSENENJEANS ZU EINER LUSTIGEN PIRATENHOSE MIT HERRLICH GEMÜTLICHEM JERSEYBUND !

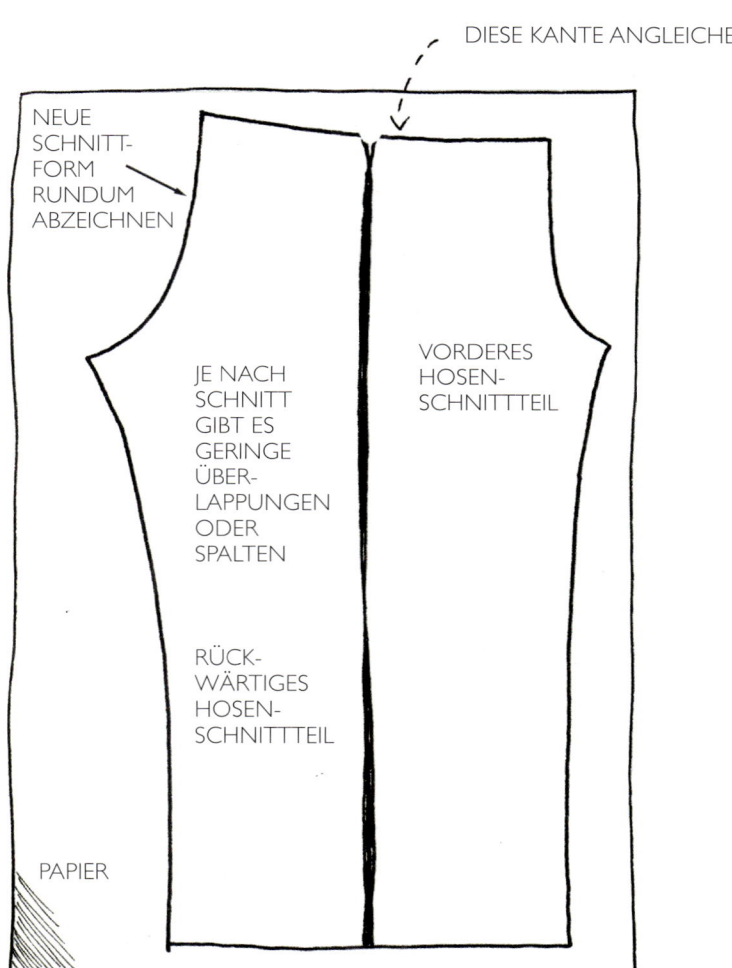

Ein Schnittmuster herstellen

Für diese Idee benötigen Sie als Grundlage einen einfachen Hosenschnitt (Hose mit Gummizugbund) in der passenden Kindergröße, den Sie zu einem Schnittteil pro Hosenbein zusammenlegen und neu abpausen (siehe Zeichnung). Wenn Sie kein Schnittmuster besitzen, können Sie sich dieses auch unkompliziert selbst erstellen. Wie das geht, steht im Workshop auf Seite 178.

Material

- Möglichst große Erwachsenenjeans oder Jeansstoff
- abgetrennte oder großflächig ausgeschnittene Jeanstaschen
- aus dem Hosenbund ausgeschnittenes Gürtelschlaufenkreuz
- Bündchenware, Rippware (doppelte Bundhöhe — je nach Wunsch 12—20 cm) oder T-Shirt mit hohem Elasthananteil
- für die Mädchenjeans: geringelte T-Shirt-Reste
- farblich passendes Nähgarn
- normale Nähnadel und Jerseynadel

Zuschnitt

Hosenschnittteil 2 x (gespiegelt)

Seitentaschen 2 x (siehe Fotos)

Nahtzugaben

Beim Zuschnitt rundum 1 cm Nahtzugabe zugeben.

Nähanleitung

1. Die Hosenbeine der großen Jeans entlang der inneren Beinnähte und dann entlang der vorderen und rückwärtigen Gesäßnähte so abschneiden, dass die Seitennähte ganz bleiben und möglichst viel Material erhalten bleibt. Beide Hosenbeine aufklappen und bügeln.

2. Den Schnitt so auf ein Hosenbein legen, dass die Seitennaht parallel zur Mittellinie des Schnittteils verläuft. Je nach Hose darf die Seitennaht versetzt oder auch ein wenig schräg oder gebogen verlaufen. Das kann später durchaus reizvoll aussehen, Sie sollten nur darauf achten, beide Schnittteile genau spiegelgleich zuzuschneiden.

3. Damit das zweite Schnittteil genau spiegelgleich mit gleichem Seitennahtverlauf aus dem anderen Hosenbein ausgeschnitten werden kann, sollten Sie das schon ausgeschnittene Schnittteil passgenau rechts auf rechts auf das Hosenbein legen und die Schnittlinie direkt übernehmen.

4. Alle Kanten bis auf die Bundkante mit Zickzackstich versäubern.

5. Die Seitentaschen nach Belieben auf den Seitennähten positionieren und feststeppen. Wenn Sie die Taschen entlang der Schnittkante mit Zickzackstich aufsteppen, fransen die Ränder schön aus. Oder Sie nähen eine der abgetrennten Taschen entlang der schon vorhandenen Taschennaht auf — das sieht dann etwas ordentlicher aus.

6. Beide Schnittteile jeweils rechts auf rechts zusammenklappen, jeweils die inneren Beinnähte aufeinanderheften und zusammensteppen. Nahtzugaben auseinanderbügeln.

7. Hosenhälften rechts auf rechts ineinanderziehen, Schrittnaht heften und durchgehend zusammensteppen. Nahtzugaben auseinanderbügeln, Hose auf rechts wenden.

8. Die Strecken zwischen vorderer und rückwärtiger Gesäßnaht entlang des Bundes in Viertelstrecken unterteilen und markieren.

9. Bundstreifen in der gewünschten Breite und Höhe mit 1 cm Nahtzugabe zuschneiden. Die Bundbreite so festlegen, dass der Hosenbund bequem über die Hüfte gezogen werden kann. Wichtig: Der Bund muss doppelt so hoch wie die endgültige Bundhöhe zugeschnitten werden, da er später doppellagig angesteppt wird.

10. Hosenbund zu einem Schlauch zusammensteppen: Rechts auf rechts zusammenklappen, die kurzen Seiten treffen aufeinander. Seitennaht mit Stretchstich oder Zickzackstich zusammensteppen. Schlauch auf rechts wenden (siehe „Jersey nähen", Seite 179).

11. Schlauch (Hosenbund) mit der rechten Seite außen doppelt zusammenklappen, so dass die Bundnaht genau in der hinteren Mitte liegt, dann bügeln. Die Seiten und die Viertelstrecken an den vorderen und rückwärtigen Bundkanten markieren.

12. Hosenbund mit Stecknadeln rechts auf rechts an die Hose heften. Dabei zunächst die Bundnaht auf die hintere Mitte der Hose setzen, dann die Teile Markierung für Markierung zusammenstecken.

13. Den Bund, an einer Seitennaht beginnend, mit Stretchstich oder Zickzackstich an die Hose steppen, der Jeansstoff liegt dabei unten, die dehnbare Ware oben. Beim Zusammensteppen den Bund zwischen den Strecken (immer von einer Stecknadel zur nächsten) so dehnen, dass Hosenkante und Bundkante glatt zusammengesteppt werden. Nahtzugaben in gedehntem Zustand mit Zickzackstich versäubern.

14. Hosenbund hochklappen und die Nahtzugaben nach unten bügeln. Das Gürtelschlaufenkreuz unter den Bund auf die Gesäßnaht heften und feststeppen (siehe Foto rechts).

15. Fertigstellung: Den Hosenbeinsaum 4 cm auf die rechte Stoffseite umschlagen und knapp an der Kante entlang feststeppen. Oder die Ringelbündchen ansteppen, dazu wie beim Bund vorgehen.

Gestreift

EINE GRUNDIDEE – TAUSEND MÖGLICHKEITEN. DAS NÄHEN DER TRÄGERTOPS ODER TRÄGERKLEIDCHEN IST GANZ EASY. SIE BESTEHEN AUS ALTEN T- SHIRTS UND ANDEREN RESTSTOFFEN UND AUS NUR DREI GRUND- TEILEN: BUND, ROCK UND TRÄGER. VERZIERT WERDEN SIE MIT EINER GUMMIBORTE UND EINER APPLIKATION. HIER IST VIEL KREATIVITÄT UND EXPERIMENTIERFREUDE GEFRAGT, DENN BEIM RECYCLING GIBT ES KEINE FESTEN VORGABEN. DAS ZUR VERFÜGUNG STEHENDE MATERIAL, IHRE EIGENE VORSTELLUNG UND VIEL- LEICHT DIE IDEEN DES KINDES FÜHREN ZU EINEM GELUNGENEN UND INDIVIDUELLEN LIEBLINGSSTÜCK.

Trägertop mit Jeansstoff

Material

- Bündchenware, Rippware oder T-Shirt mit hohem Elasthananteil
- Ärmel eines großen Jeanshemds oder Stoffrest
- gestreiftes T-Shirt (Reststück)
- beidseitig aufbügelbare Vlieseinlage
- Gummiborte
- Stoffreste für die Applikation
- farblich passendes Nähgarn
- Jerseynadel

Tipp

Wenn Sie das Kleidchenteil aus den Ärmeln eines Hemdes nähen, können Sie den Rest für ein Kissen ver- wenden (siehe Seite 42). Sollten die Ärmel zu schmal für Ihr Projekt sein, können Sie dafür auch den Hemd- rest zuschneiden — die Knopfleiste ziert dann einfach die Vorder- oder Rückseite.

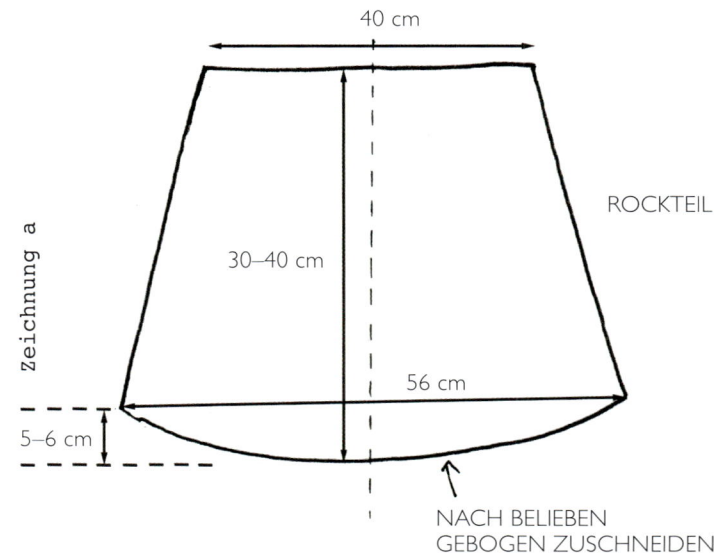

40 cm

Zeichnung a

ROCKTEIL

30–40 cm

56 cm

5–6 cm

NACH BELIEBEN
GEBOGEN ZUSCHNEIDEN

Schnittteile (Gr. 122/128)

- Bündchen (hier 12 x 60 cm = doppelte
  Bündchenhöhe x Brustumfang)
- Rockteil (Zeichnung a)
- Träger (2 Stoffstreifen à 30 x 10 cm)

Nahtzugaben

Wo erforderlich, ist in den Maßen 1 cm Nahtzugabe
enthalten.

Nähanleitung

1. Hemdenärmel entlang der Nähte vom Hemd abschneiden
und bügeln. Die Ärmel der Länge nach falten (Zeichnung c). Schmale Kante gerade, breite Kante leicht
gebogen zuschneiden. Eine gerade Linie entlang der
Seiten ziehen und auch hier die doppelte Stofflage deckungsgleich zuschneiden. Nehmen Sie das erste
Schnittteil (vorderes Rockteil) als Vorlage für den
Zuschnitt des zweiten Ärmels (rückwärtiges Rockteil).
Seitliche Kanten mit Zickzackstich versäubern.

2. Wenn Sie kein Hemd verwenden, können Sie die
Rockteile nach Zeichnung a auf den Stoff zeichnen und
doppellagig ausschneiden.

3. Das vordere Rockteil rechts auf rechts auf das
rückwärtige Rockteil legen, die Seitennähte heften
und zusammensteppen. Nahtzugaben auseinanderbügeln.

10 cm

Zeichnung b

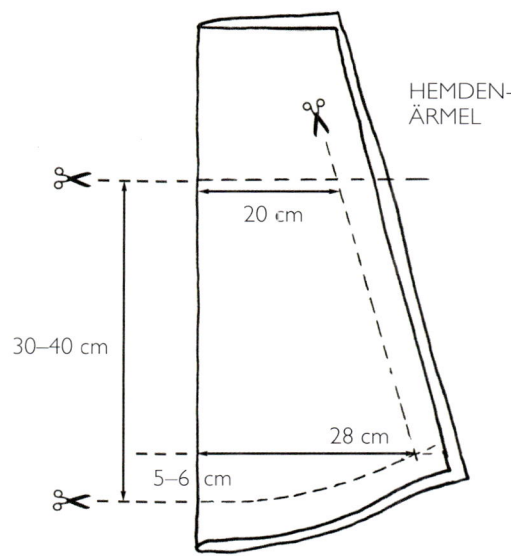

HEMDEN-
ÄRMEL

20 cm

30–40 cm

28 cm

5–6 cm

Zeichnung c

LINKE STOFFSEITE
BÜNDCHEN

LINKE STOFFSEITE
ROCKTEIL

Zeichnung d

4. Bündchen in der gewünschten Breite und Höhe mit 1 cm Nahtzugabe zuschneiden. Bestimmen Sie die Bündchenbreite so, dass der Bund fest, aber bequem über der Brust sitzt. Wichtig: Das Bündchen muss doppelt so hoch wie die endgültige Höhe zugeschnitten werden, denn es wird später doppellagig angesteppt.

5. Bündchen zu einem Schlauch zusammensteppen: Rechts auf rechts zusammenklappen, die kurzen Seiten treffen aufeinander. Seitennaht mit Stretchstich oder Zickzackstich zusammensteppen. Schlauch auf rechts wenden (siehe „Jersey nähen", Seite 179).

6. Schlauch (Bündchen) mit der rechten Seite außen doppelt zusammenklappen, so dass die Bundnaht an einer Seite liegt, und bügeln. Die Seiten und die Viertelstrecken an den vorderen und rückwärtigen Bundkanten mit Schneiderkreide oder Markierstift anzeichnen.

7. Das Rockteil auf links wenden, hier ebenfalls die Viertelstrecken an der vorderen und hinteren oberen Kante markieren.

8. Bündchen aufklappen, die rechte Seite liegt innen. Bündchen rechts auf links auf den Rock ziehen (Zeichnung d) und mit Stecknadeln festheften. Dabei zunächst die Bundnaht auf eine Seitennaht setzen, dann die Teile Markierung für Markierung zusammenstecken. Bündchen an einer Seitennaht beginnend mit Stretchstich oder Zickzackstich an das Rockteil steppen, der Jeansstoff liegt dabei unten, die

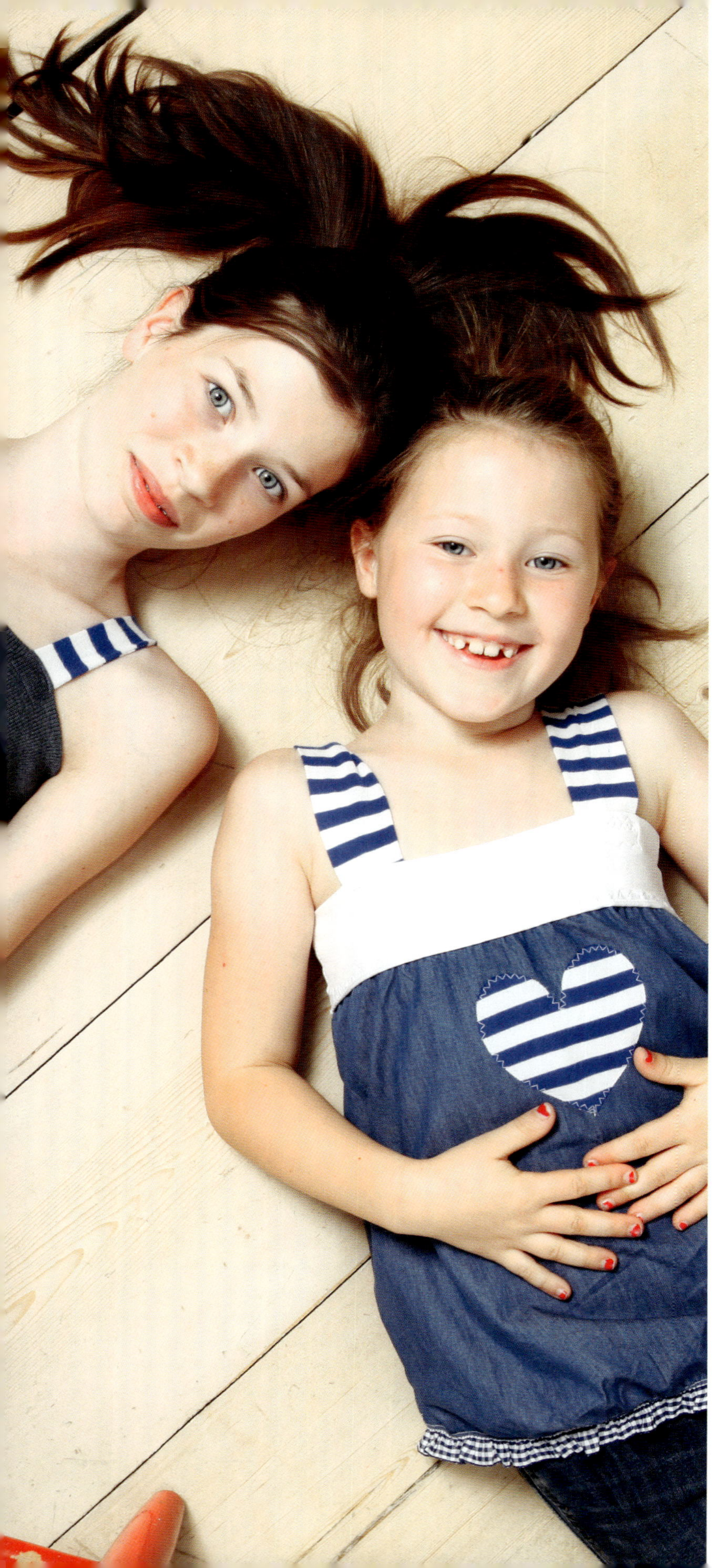

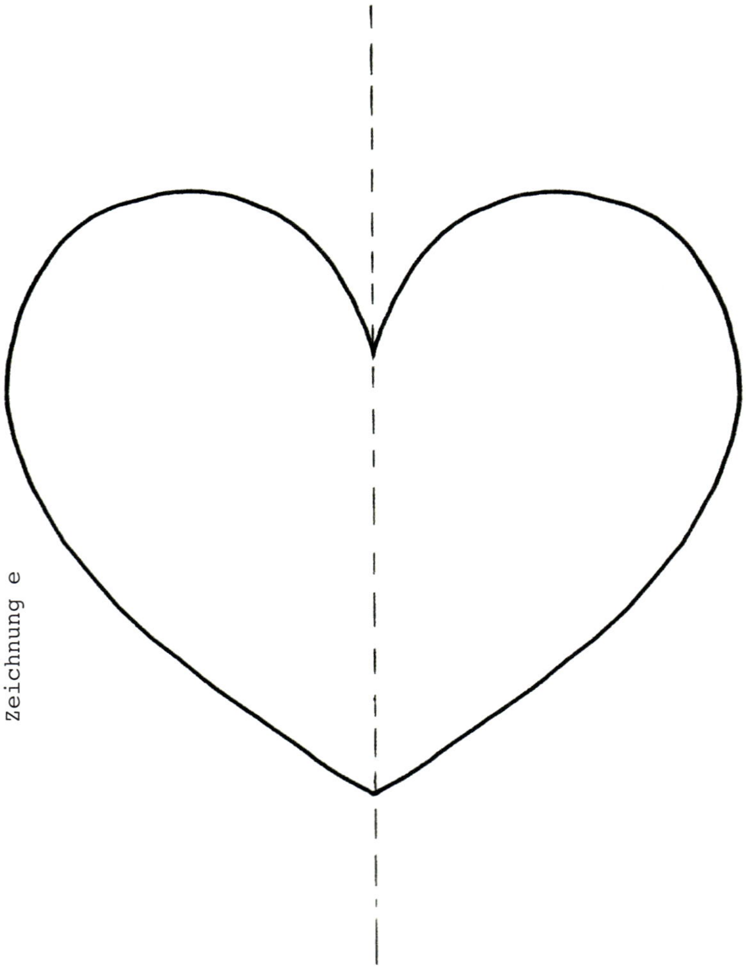

zeichnung e

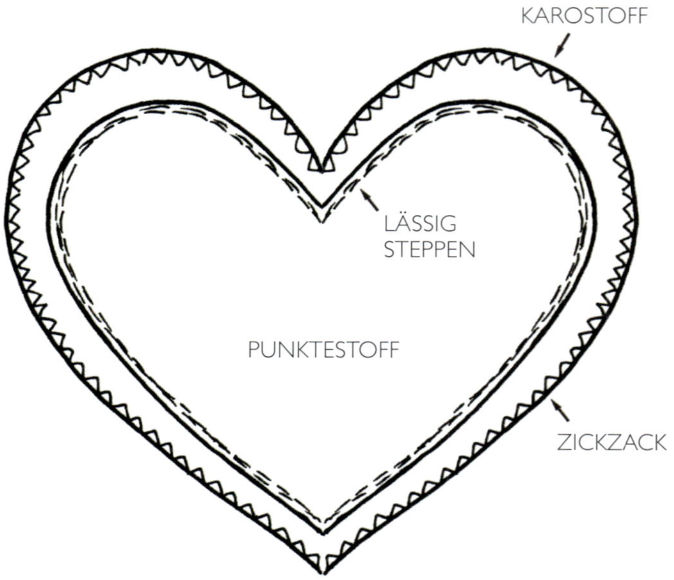
KAROSTOFF
LÄSSIG STEPPEN
PUNKTESTOFF
ZICKZACK

zeichnung f

dehnbare Ware oben. Beim Zusammensteppen den Bund zwischen den Strecken (immer von einer Stecknadel zur nächsten) so dehnen, dass Rockkante und Bündchenkante glatt zusammengesteppt werden. Trägertop auf rechts wenden.

9. Bündchen so auf die rechte Seite umklappen, dass die Kante 2 cm überdeckt wird. Bündchenkante in Viertelstrecken an den Rock heften und, zwischen den Strecken gedehnt, 1 cm von der Kante feststeppen. Der unversäuberte Rand rollt sich hier etwas nach oben ein, was beabsichtigt ist. Alternativ können Sie das Bündchen auch wie beim gestreiften Kleid feststeppen (siehe Seite 174).

10. Die Stoffstreifen für die Träger der Länge nach rechts auf rechts zusammenklappen, heften und mit dehnbarem Stich zusammensteppen. Mit Hilfe einer Sicherheitsnadel auf rechts wenden und so bügeln, dass die Naht in der Mitte einer Seite liegt.

11. Trägerposition am besten bei einer Anprobe ermitteln (oder siehe Zeichnung b). Träger am Bündchen festheften (Naht liegt auf der Innenseite) und mit einem Rechteck feststeppen.

12. Applikation aufsteppen: Dazu die Vlieseinlage auf den Stoffrest aufbügeln, das Herzmotiv (Zeichnung e) aufzeichnen und ausschneiden. Papier von Vlieseinlage entfernen, das Motiv auf der Vorderseite des Kleides positionieren und aufbügeln. Motiv rundum mit engem Zickzackstich applizieren.

13. Untere Rockkante messen. Gummiborte ca. 25 % kürzer als dieses Maß zuschneiden (Maß durch 4 teilen und das Ergebnis mit dem Faktor 3 multiplizieren) und die kurzen Kanten rechts auf rechts zusammensteppen.

14. Die Kante mit Zickzackstich versäubern. An dieser Kante und an der Kante der Gummiborte die Viertelstrecken zwischen den Seiten markieren. Gummiborte rechts auf rechts auf das Rockteil heften. Dabei an einer Seitennaht beginnen und dann die Teile Markierung für Markierung zusammenstecken. Gummiband an den Rock steppen, der Jeansstoff liegt dabei unten, das Gummiband oben. Beim Zusammensteppen die Kanten so dehnen, dass sie glatt zusammengesteppt werden. Gummiband nach unten klappen, die Jeanskante bügeln und nochmals von rechts in gedehntem Zustand knappkantig absteppen.

Kleid mit Streifenstoff

Material
- Bündchenware, Rippware oder T-Shirt mit hohem Elasthananteil
- gestreiftes großes T-Shirt
- Stoffrest für die Träger
- beidseitig aufbügelbare Vlieseinlage
- Gummiborte
- Stoffreste für die Applikation
- farblich passendes Nähgarn
- Jerseynadel

Schnittteile Gr. 134/140
- Bündchen (hier 24 x 60 cm = doppelte Bündchenhöhe x Brustumfang)
- Rockteil (Zeichnung g)
- Träger (2 Stoffstreifen à 30 x 8 cm)

Nahtzugaben
In den Maßen ist 1 cm Nahtzugabe enthalten.

Nähanleitung
1. Kleidlänge festlegen, die halbe Bündchenhöhe davon abziehen und vom Saum aus nach oben auf dem T-Shirt abmessen und einzeichnen. T-Shirt-Body an diesem Maß entlang gerade vom T-Shirt abschneiden. Die Viertelstrecken zwischen den Seitennähten an Vorder- und Rückteil der Rockkante messen und markieren.

2. Bündchen in der gewünschten Breite und Höhe mit 1 cm Nahtzugabe zuschneiden. Die Bündchenbreite so festlegen, dass der Bund fest, aber bequem über der Brust sitzt. Wichtig: Das Bündchen muss doppelt so hoch wie die endgültige Höhe zugeschnitten werden, da es später doppellagig angesteppt wird.

3. Bündchen zu einem Schlauch zusammensteppen: Rechts auf rechts zusammenklappen, die kurzen Seiten treffen aufeinander. Seitennaht mit Stretchstich oder Zickzackstich zusammensteppen. Schlauch auf rechts wenden (siehe „Jersey nähen", Seite 179).

4. Schlauch (Bündchen) mit der rechten Seite außen doppelt zusammenklappen, so dass die Bundnaht auf einer Seite liegt, und bügeln. Die Seiten und die Viertelstrecken an den vorderen und rückwärtigen Bundkanten markieren.

5. Bündchen mit Stecknadeln rechts auf rechts an das Rockteil heften. Dabei zunächst die Bundnaht auf eine Seitennaht setzen, dann die Teile Markierung für Markierung zusammenstecken.

6. Bündchen an einer Seitennaht beginnend mit Stretchstich oder Zickzackstich an das Rockteil steppen, der Rock liegt dabei unten, das Bündchen oben. Beim Zusammensteppen die Rippware/den Bund zwischen den Strecken (immer von einer Stecknadel zur nächsten) so dehnen, dass Rockkante und Bündchenkante glatt zusammengesteppt werden. Nahtzugaben in gedehntem Zustand mit Zickzackstich versäubern. Bündchen hochklappen, Nahtzugaben nach unten bügeln.

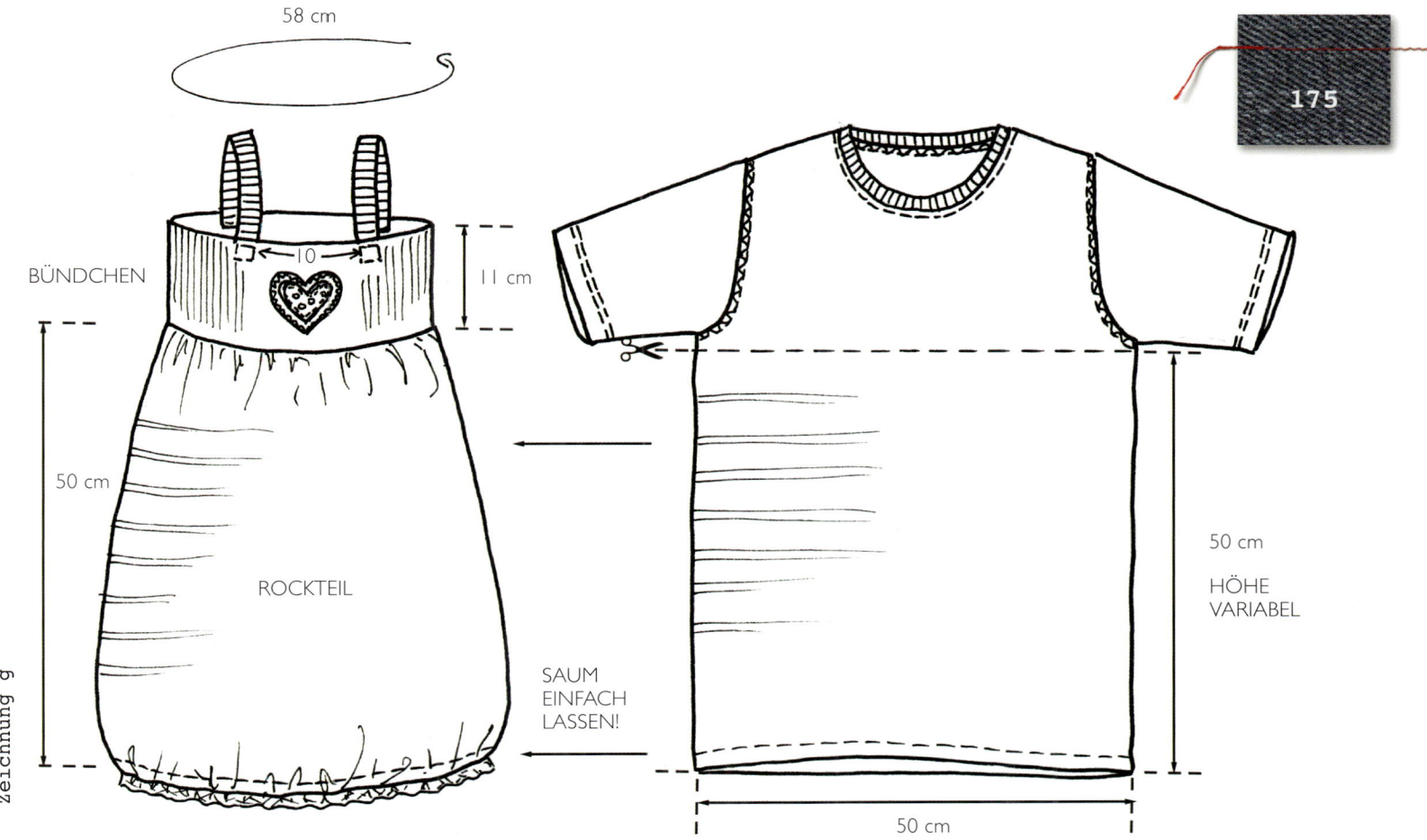

58 cm

BÜNDCHEN

10

11 cm

50 cm

ROCKTEIL

Zeichnung g

SAUM
EINFACH
LASSEN!

50 cm
HÖHE
VARIABEL

50 cm

7. Die Stoffstreifen für die Träger der Länge nach rechts auf rechts zusammenklappen, heften und mit dehnbarem Stich zusammensteppen. Mit Hilfe einer Sicherheitsnadel auf rechts wenden und so bügeln, dass die Naht in der Mitte einer Seite liegt.

8. Trägerposition am besten bei einer Anprobe ermitteln (oder siehe Zeichnung b). Träger am Bündchen festheften (Naht liegt auf der Innenseite) und mit einem Rechteck feststeppen.

9. Applikation aufsteppen: Vlieseinlage auf beide Stoffstücke aufbügeln, Herzmotive (Zeichnung f) aufzeichnen und ausschneiden. Papier von Vlieseinlage entfernen, Motive übereinander auf dem Bündchen positionieren und aufbügeln. Äußeres Motiv rundum

mit engem, kleinem Zickzackstich applizieren. Inneres Motiv dreifach lässig mit Geradstich absteppen. Untere Rockkante messen. Gummiborte ca. 25% kürzer als dieses Maß zuschneiden (Maß durch 4 teilen und das Ergebnis mit dem Faktor 3 multiplizieren) und die kurzen Kanten rechts auf rechts zusammensteppen.

10. An Rockkante und Gummiborte die Viertelstrecken zwischen den Seiten markieren. Gummiborte direkt unter die untere Kante (die schon vorhandene T-Shirt Kante) heften. Dabei an einer Seitennaht beginnen und dann die Teile Markierung für Markierung zusammenstecken. Gummiband knappkantig an das Rockteil steppen, der T-Shirt Stoff liegt dabei unten, das Gummiband oben. Beim Zusammensteppen die Kanten so dehnen, dass sie glatt zusammengesteppt werden.

Bezogene Kleiderbügel

EIN LUSTIGES NEUES OUTFIT FÜR DEN KLEIDERBÜGEL: ER WIRD MIT IN STREIFEN GESCHNITTENEN JERSEYRESTEN UMWICKELT. PUNKTUELLES KLEBEN MIT EINEM TROPFFREIEN KLEBSTOFF REICHT AUS, WENN SIE DEN STOFF ENG UND FEST WICKELN.

Grundausstattung

- Maßband
- gute Stoffschere
- kleine Schere zum Abschneiden der Nahtfäden
- Schnittpapier (Packpapier, Seidenpapier, Zeitungspapier)
- Schneiderkreide oder auswaschbarer Markierstift für Markierungen auf dem Stoff
- Nahttrenner
- Stecknadeln
- Handnähnadeln
- Heftfaden
- Papierschere
- Bleistift, Filzstift
- Lineal oder großes Geodreieck
- evtl. Kurvenlineale oder Schneiderwinkel für das Übertragen der Schnitte
- Bügeleisen und Bügelbrett
- Nähmaschine

Nähmaschine

Sollten Sie noch keine Nähmaschine besitzen, dann habe ich folgenden Tipp: Die „alten" Maschinen sind oft die besten! Bevor Sie also eine billige neue Maschine kaufen, lassen Sie lieber eine alte Nähmaschine (z.B. aus Omas Nachlass) beim Fachhändler generalüberholen oder fragen Sie dort nach einem gebrauchten älteren Modell. Die neuen Maschinen besitzen zwar oft beeindruckend viel an Stichen und Technik, kommen aber schon an ihre Grenzen, wenn sie ein sauberes Stichbild liefern oder dicke Stoffe nähen sollen. Nichts ist ärgerlicher als eine Maschine, die zwar toll aussieht, der aber schon einfachste Nähte Probleme bereiten.

Einen Schnitt selbst zeichnen

Man muss nicht für alles gleich ein Schnittmuster kaufen — Schnitte für einfache Hosen mit Gummizugbund oder einfache (ärmellose) Kleider mache ich oft selbst. Schnitte für Kleidung aus Jersey (bzw. aus dehnbaren Stoffen) sind viel unkomplizierter, als die aus Webware, da sie meistens ohne formgebende Abnäher und komplizierte Verschlüsse auskommen.

Gerade beim Recycling von Textilien, wenn man nicht befürchten muss, einen für viel Geld gekauften Stoff zu zerschneiden, lohnt es sich, dies einmal zu versuchen!

Als Vorlage für einen selber erstellten Schnitt dient ein gut sitzendes Kleidungsstück in der richtigen Konfektionsgröße.

Hosenschnitt (z.B. Ahoi-Hose, Seite 164)

1. Als Vorlage nehmen Sie eine Kinderhose mit Gummizug- oder Kordelbund (z.B. eine Jogginghose oder eine weite Stoffhose) in der richtigen Konfektionsgröße.

2. Legen Sie die Hose mit der Vorderseite nach oben auf das Packpapier und übertragen Sie Seitennaht, Bundverlauf am Bundansatz und Hosenbeinsaum mit Bleistift auf das Papier. Für Nähte, die sich nicht direkt abzeichnen lassen (wie hier die Schrittnaht), wenden Sie folgende Technik an: Naht glatt streichen. Dem Nahtverlauf mit Hilfe einer Stecknadel, die Sie einfach in engem Abstand immer wieder durch den Stoff/die Stofflagen in das Papier stechen, folgen. Den gestichelten Schnittverlauf mit Bleistift nachfahren. Mit der Rückseite der Hose ebenso verfahren.

3. Den skizzierten Verlauf der Bleistiftlinien mit Hilfe von Lineal oder Kurvenschablone (eine ruhige Hand reicht auch) nachfahren. Achten Sie darauf, dass die inneren und äußeren Beinnähte von vorderem und rückwärtigem Hosenschnittteil gleich lang sind (mit dem Maßband abmessen!) und kürzen Sie gegebenenfalls eine der Strecken.

4. Schneiden Sie die Schnitte entlang der Linien aus. Nun haben Sie ein vorderes und ein rückwärtiges Hosenschnittteil.

5. Für die Ahoi-Piratenhose fügen Sie nun noch das vordere und das rückwärtige Schnittteil zu einem Gesamtschnitt zusammen. Dazu legen Sie die Seitennähte zusammen (siehe Seite 165) und zeichnen den neuen Hosenschnitt nochmals auf Papier ab.

Kleiderschnitt oder Pulloverschnitt

Falten Sie das Schnittpapier in der Mitte und zeichnen Sie darauf nur jeweils die Hälfte eines Schnittteils auf. Wenn Sie nun den Schnitt ausschneiden und das Papier aufklappen, haben Sie ein garantiert seitengleiches Schnittteil (Zeichnung Seite 180).

Stoffzuschnitt

Das Schnittmuster mit Stecknadeln auf die linke Stoffseite stecken, wobei Sie darauf achten müssen, dass der eingezeichnete Fadenlauf (das ist die Webrichtung bzw. bei Jerseystoffen die Strickrichtung) mit dem Fadenlauf des Stoffs übereinstimmt. Die Nahtzugaben — für normale Nähte 1 cm, an Saum- und Bundabschlüssen je nach Verarbeitung entsprechend mehr — punktuell mit Kreide oder Markierstift einzeichnen.
Nun können Sie den Stoff einschließlich dieser Nahtzugaben zuschneiden. Vor dem Entfernen des Schnittpapiers die Konturlinien, die Nahtlinien und alle

anderen wichtigen Markierungen wie Ansatzpunkte, Knopflöcher etc. mit Schneiderkreide oder Markierstift auf dem Stoff anzeichnen.

Jersey nähen

Wenn Sie Jerseystoffe (T-Shirt- oder Sweatshirtstoffe, Wirkstoffe) verarbeiten, ist die Wahl der richtigen Nähmaschinennadel ungeheuer wichtig. Verwenden Sie unbedingt eine spezielle Jerseynadel (auch Ballpoint Needle genannt), die eine abgerundete Spitze hat. Eine normale Nähnadel reißt Löcher in den Stoff, gibt ein unregelmäßiges Stichbild und kann so viele Laufmaschen verursachen, dass Ihre Mühe ganz umsonst war! Damit die Nähte ebenso elastisch werden wie der Stoff, sollten Sie alle Nähte mit einem dehnbaren Stich nähen. Die meisten Nähmaschinen besitzen dafür einen speziellen Stretchstich, es genügt aber auch ein kleiner Zickzackstich.

Motive übertragen und applizieren

Sehr hilfreich für das Applizieren ist beidseitig aufbügelbare Vlieseinlage (im Fachhandel unter dem Namen Vliesofix erhältlich), die verhindert, dass es beim Aufsteppen der Motive nicht zum Verrutschen und Faltenwurf des Stoffes kommen kann.
Zunächst den Applikationsstoff und die Vlieseinlage etwas größer als das fertige Motiv ausschneiden. Dann die Vlieseinlage mit dem Trägerpapier nach oben auf die linke Stoffseite legen und durch das Trägerpapier hindurch aufbügeln. Dabei am besten ein dünnes Tuch zwischen Papier und Bügeleisen legen — als Schutz vor Klebespuren.
Das Motiv mit Bleistift auf Seidenpapier durchpausen und ausschneiden. Bei kleineren Motiven lohnt

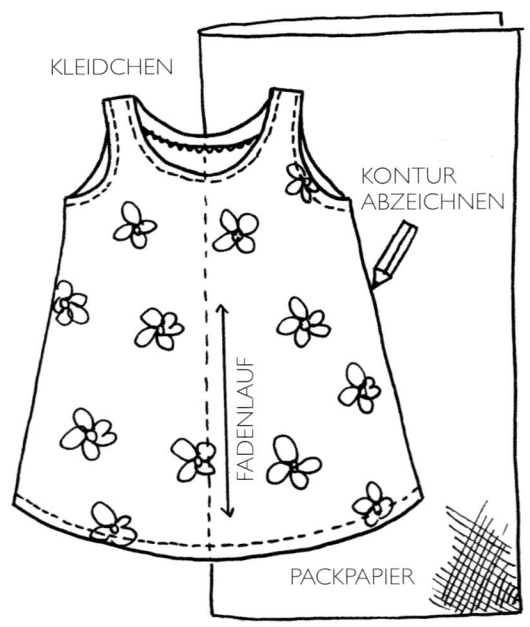

KLEIDCHEN

KONTUR ABZEICHNEN

FADENLAUF

PACKPAPIER

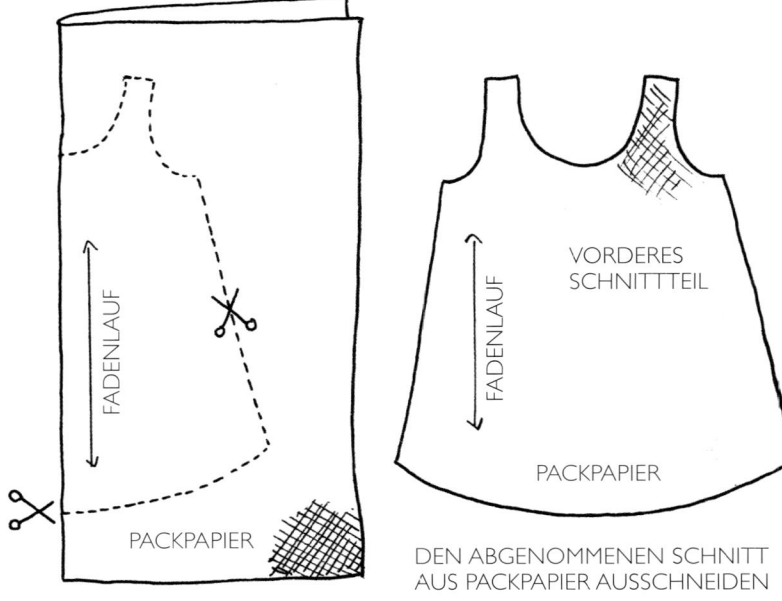

FADENLAUF

PACKPAPIER

FADENLAUF

VORDERES SCHNITTTEIL

PACKPAPIER

DEN ABGENOMMENEN SCHNITT AUS PACKPAPIER AUSSCHNEIDEN

es sich, eine Schablone aus Pappe herzustellen, das Motiv lässt sich so leichter übertragen. Das Schnittteil spiegelverkehrt auf die linke Stoffseite (bzw. das Trägerpapier der Vlieseinlage) heften und aufzeichnen. Applikation mitsamt dem Trägerpapier ausschneiden. Trägerpapier abziehen und das Motiv mit der Vliesseite nach unten auf die gewünschte Stelle legen und aufbügeln. Hier empfiehlt es sich ebenfalls, ein Bügeltuch zu benutzen. Danach das Motiv wie in der Anleitung beschrieben applizieren.

Umnähen von Motiven mit Zierfaden

Motive erhalten eine sehr ansprechende und individuellere Optik, wenn deren Konturen mehrfach lässig mit etwas dickerem Garn (Ziergarn, Jeansgarn, Nähseide...) umsteppt werden. Dabei dürfen und sollen sich die Steppnähte auch mal überkreuzen und von der Kontur abweichen. Diese bewussten Ungenauigkeiten machen den besonderen Reiz aus!

Für sehr dickes Ziergarn setzt man eine stärkere Nähnadel mit größerem Nadelöhr ein und überprüft die Sticheinstellung auf einem Stoffrest. Eventuell muss die Oberfadenspannung etwas gelockert werden.

Wenn Sie sich nicht gleich an das Original herantrauen, probieren Sie die Technik auf einem Probestück aus.

Bügeln und heften

Diese Arbeitsgänge werden nicht immer extra erwähnt, sind aber empfehlenswert! Eine sauber ausgebügelte Naht lässt sich einfacher weiterverarbeiten, Unsauberkeiten und Falten werden vermieden. Nähte möglichst von links bügeln, um Glanzspuren zu vermeiden. Wenn die Vlieseinlage bis zum Rand reicht, dann am besten ein Bügeltuch verwenden, um unangenehme Klebespuren am Bügeleisen zu vermeiden.

Was für das Bügeln gilt, ist auch für das Heften maßgebend. Nichts ist ärgerlicher, als eine verunglückte Naht wieder auftrennen zu müssen, weil man dachte, es geht auch so.

Bei geraden und einfachen Nähten können Stecknadeln verwendet werden. Diese werden immer im rechten

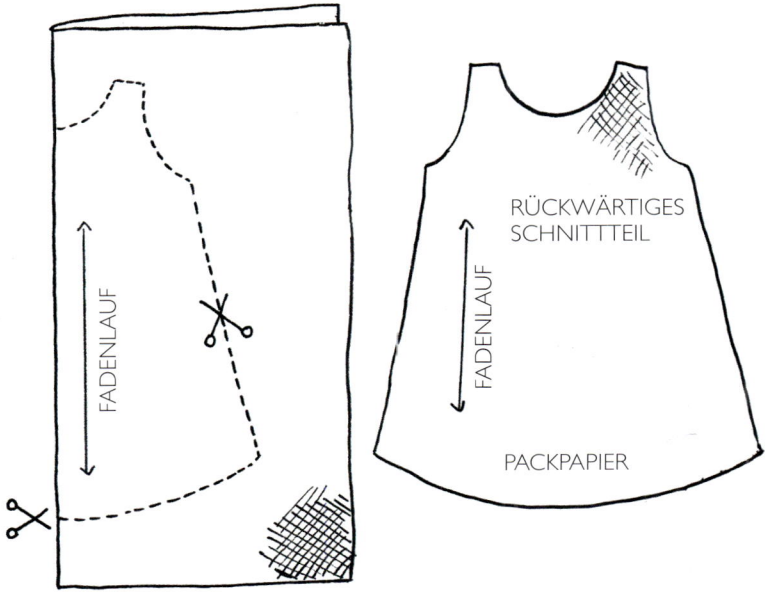

Im Bild: RÜCKWÄRTIGES SCHNITTTEIL, FADENLAUF, FADENLAUF, PACKPAPIER

richtig ausfüllt. Es können auch mehrere kleinere Füllkissen verwendet werden.

Innenkissen mit Styroporgranulat füllen, Öffnung zusammenbinden und ausprobieren, ob die Füllung bereits genug befüllt ist. Dabei immer etwas fester stopfen, als gewohnt, da die Füllung im Gebrauch noch lockerer wird. Zum Schluss die Füllöffnung mit Steppnaht schließen.

Arbeiten mit Jeans

Ich arbeite unheimlich gerne mit Jeans, da dieser Stoff auch in gebrauchtem Zustand so robust und vielseitig ist, dass er für ein „zweites Leben" wunderbar geeignet ist! Man kann ihn beidseitig verwenden und hat schon dadurch viele Variationsmöglichkeiten, z.B. durch den Farbwechsel. Die Kanten verarbeite ich gerne unversäubert und oft außenliegend. Sie fransen beim Waschen dekorativ aus, eignen sich somit als unkompliziertes Zierelement und geben Oberflächen eine ganz besondere Optik. Lange, nach dem ersten Waschen heraushängende Fäden werden einfach abgeschnitten. Beim Zuschnitt von Schnittteilen aus Jeanshosen sollten Sie darauf achten, dass sehr dicke Nähte beim späteren Zusammensteppen nicht aufeinandertreffen, sondern versetzt liegen.

Sehr hilfreich für das Verarbeiten von Jeans ist eine spezielle Jeansnähnadel. Es gibt sie in verschiedenen Stärken und mit einem größeren Öhr für dickeres Nähgarn.

Winkel zur Naht gesteckt, das hält die Stoffe gut zusammen; außerdem kollidieren die Stecknadeln so nicht mit der Maschinennadel und können während des Steppens ganz einfach entfernt werden.

Komplizierte Nähte, Rundungen, Reißverschlüsse und Bänder heftet man am besten von Hand mit einem Heftfaden. Geübtere Näherinnen können natürlich auch hier nur Stecknadeln verwenden!

Füllen mit Styroporgranulat

Im Fachhandel oder bei Versendern für Nähbedarf gibt es verschiedene Arten von Füllmaterial. Styroporgranulat ist sehr leicht und als Füllung sehr formbar und angenehm. Es eignet sich gut als Füllmaterial für große Kissenformen. Da es nicht waschbar ist, sollten die kleinen Styroporkügelchen in ein Innenkissen gefüllt werden, das aus einem leichten Nesselstoff, Leintuch oder einem anderen dicht gewebten Baumwollstoff genäht wird. Ein alter Kissen- oder Bettdeckenbezug eignet sich auch. Das Innenkissen sollte deutlich größer sein als der Bezug, damit er das Volumen

Zahlen für das Säckchenspiel von Seite 74

Vorlagen für die „Topflappen" von Seite 94

RADIESCHEN

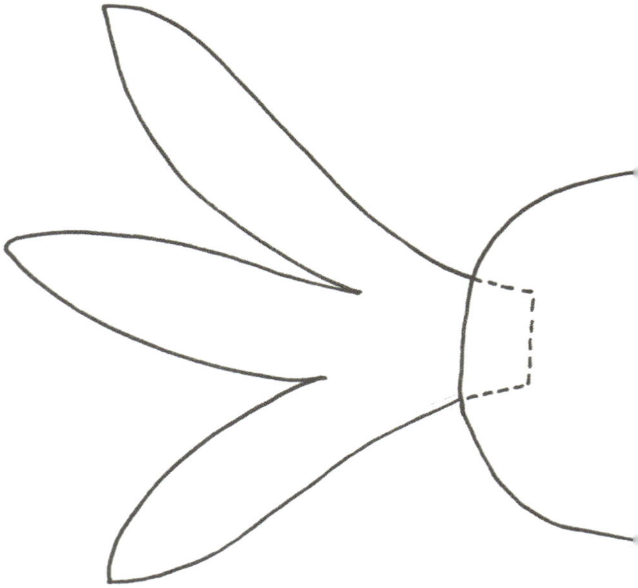

APFEL

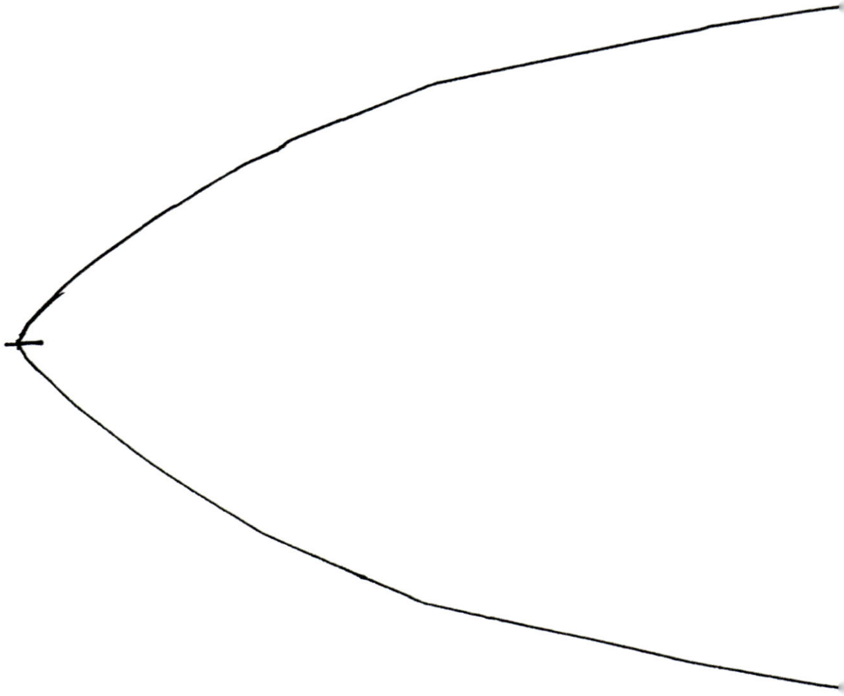

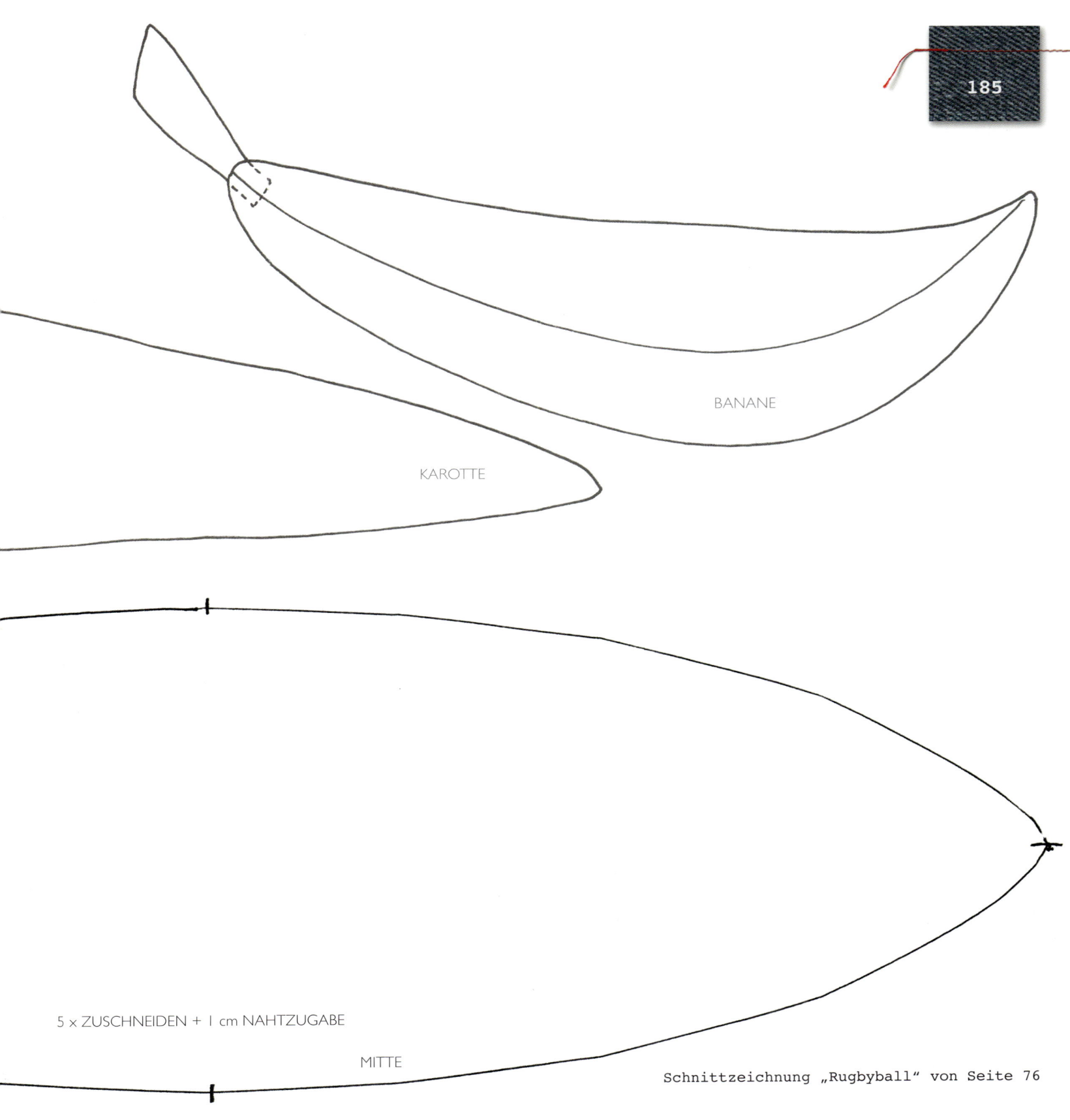

BANANE

KAROTTE

5 x ZUSCHNEIDEN + 1 cm NAHTZUGABE

MITTE

Schnittzeichnung „Rugbyball" von Seite 76

Vorlage für das „Nackenkissen" von Seite 138

24° north 11° west offshore sailing

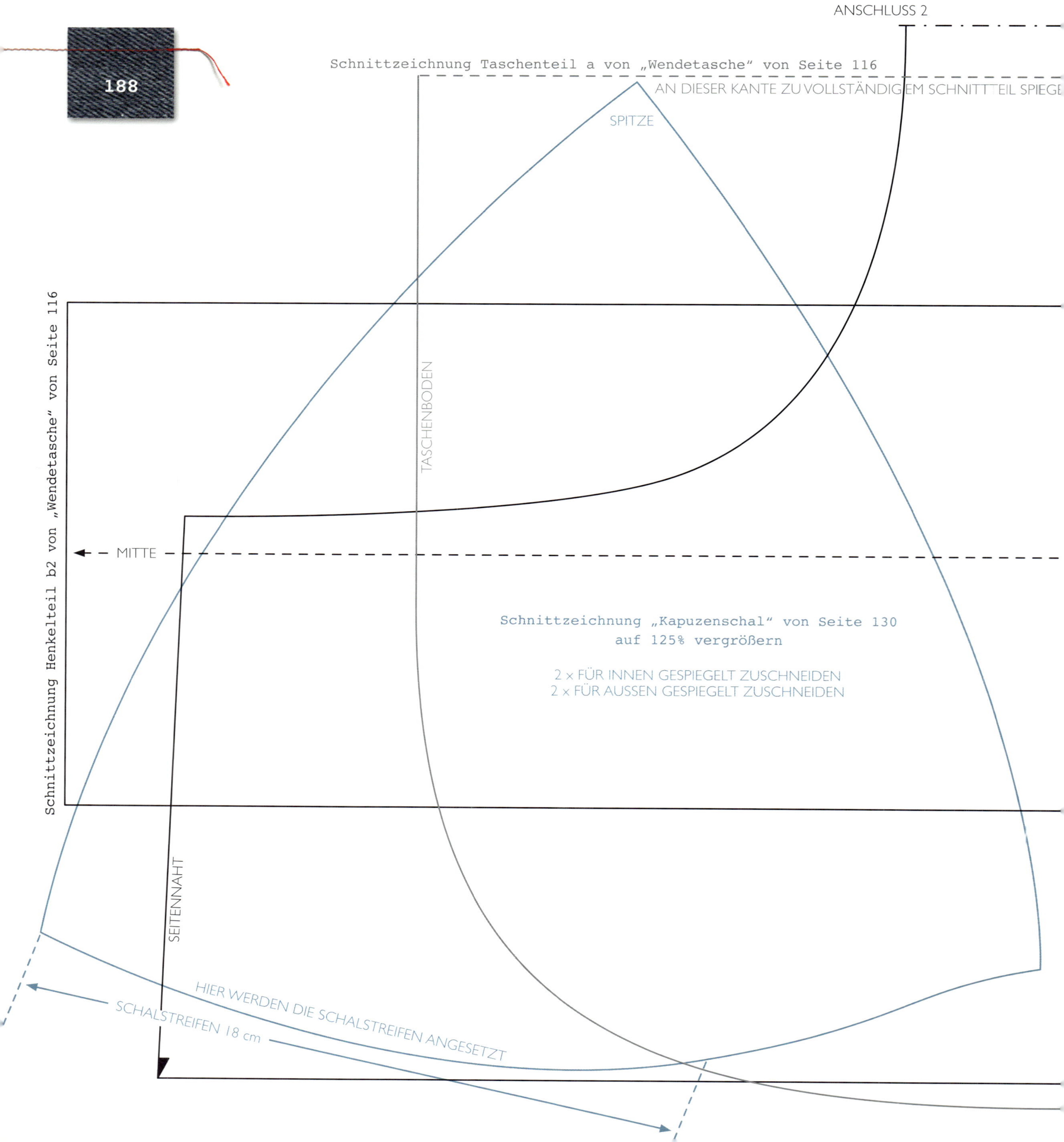

ANSCHLUSS 2

Schnittzeichnung Taschenteil a von „Wendetasche" von Seite 116

AN DIESER KANTE ZU VOLLSTÄNDIGEM SCHNITTTEIL SPIEGE

SPITZE

TASCHENBODEN

Schnittzeichnung Henkelteil b2 von „Wendetasche" von Seite 116

← MITTE

Schnittzeichnung „Kapuzenschal" von Seite 130
auf 125% vergrößern

2 × FÜR INNEN GESPIEGELT ZUSCHNEIDEN
2 × FÜR AUSSEN GESPIEGELT ZUSCHNEIDEN

SEITENNAHT

HIER WERDEN DIE SCHALSTREIFEN ANGESETZT

SCHALSTREIFEN 18 cm

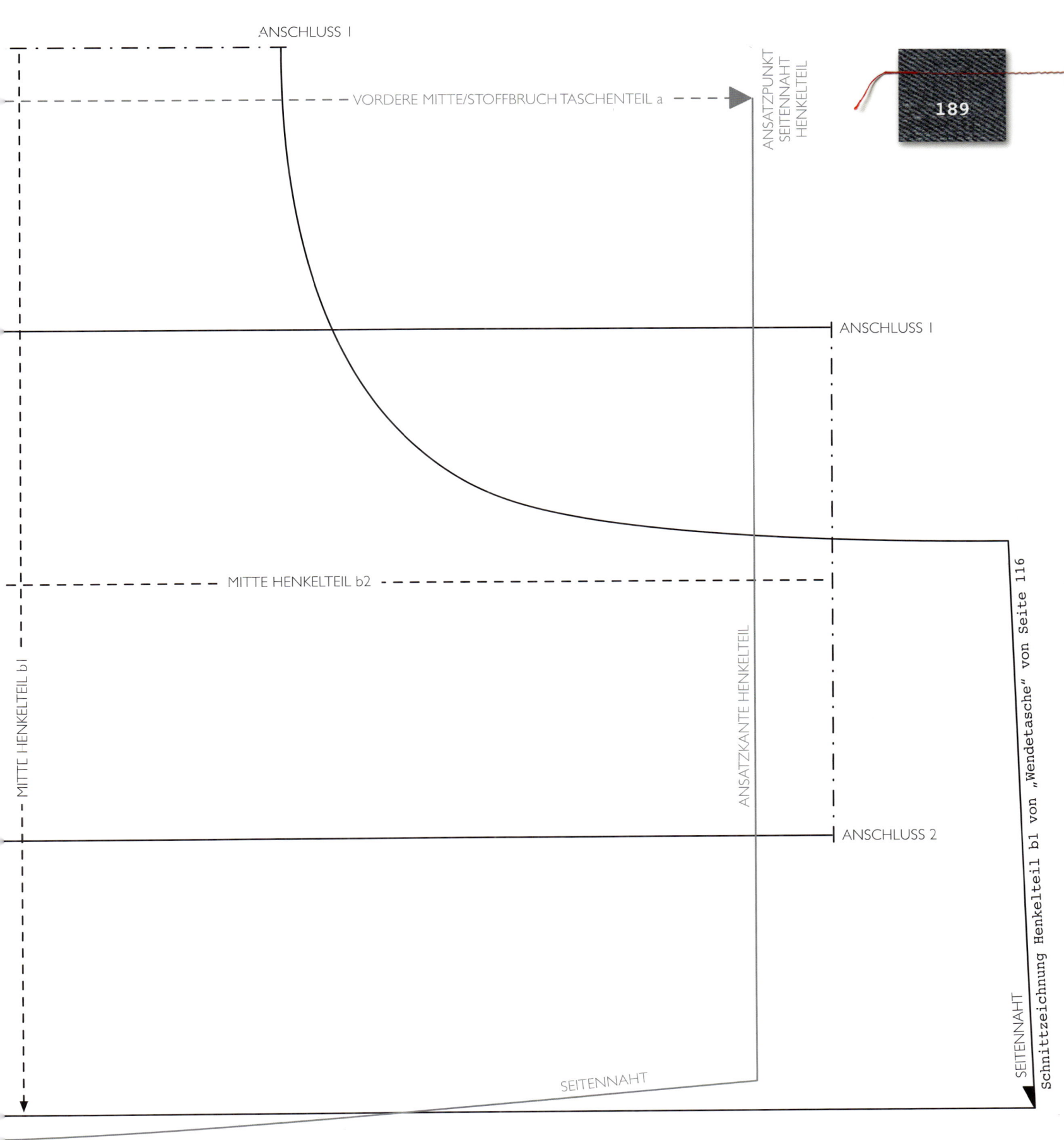

ANSCHLUSS I

VORDERE MITTE/STOFFBRUCH TASCHENTEIL a ▶

ANSATZPUNKT SEITENNAHT HENKELTEIL

189

ANSCHLUSS I

MITTE HENKELTEIL b2

MITTE HENKELTEIL b1

ANSATZKANTE HENKELTEIL

ANSCHLUSS 2

SEITENNAHT

Schnittzeichnung Henkelteil b1 von „Wendetasche" von Seite 116

SEITENNAHT

KIITOS – DANKE

TOBIAS
TIM & LILJA
KATRI & RAINER
LEA, MIA, LASSE, KALLE, SILAS
JUSSI & KATJA
ÄITI & ISÄ
MIRI & JENS
SUSANNE & STEFFEN
WALTRAUD & KARL

MARJO KOIVUMÄKI

HEIDI MÜLLER
SABINE FELS
CAROLINE HOSMANN

GANZ BESONDERS MÖCHTE ICH MICH AN DIESER STELLE BEI DIR,
MEINER LIEBEN ZWILLINGSSCHWESTER KATRI UND DEINER FAMILIE BEDANKEN,
WEIL IHR MIR EUREN WUNDERSCHÖNEN FINNISCHEN HOF FÜR DAS FOTOSHOOTING ZUR VERFÜGUNG
GESTELLT HABT. SO DURFTEN WIR – ICH MITSAMT FAMILIE UND FOTOGRAFIN – IN EUER ZUHAUSE
IN VAASA „EINFALLEN", UNS ÜBERALL AUSBREITEN UND SO ZIEMLICH ALLES AUF DEN KOPF STELLEN!

WÄHREND DES FOTOSHOOTINGS HABEN WIR NICHT NUR SEHR INTENSIV UND KONZENTRIERT ZU-
SAMMEN GEARBEITET, SONDERN AUCH VIEL GELACHT, IMPROVISIERT, AUSPROBIERT, GEREDET, UMGESTELLT,
DURCHEINANDERGEBRACHT UND WIEDER AUFGERÄUMT … ES WAREN UNVERGESSLICH SCHÖNE TAGE !

MARJO, DAS ARBEITEN MIT DIR IST IMMER SO HERRLICH UNKOMPLIZIERT,
DANKE FÜR DEINE WUNDERSCHÖNEN FOTOS!

LEA, MIA, LASSE, KALLE, SILAS, TIM UND LILJA – IHR SEID DIE BESTEN FOTOMODELLE, DIE ES GIBT.
DANKE, DASS IHR WIEDER SO MOTIVIERT, GEDULDIG UND FRÖHLICH MITGEMACHT HABT !

LAST, BUT NOT LEAST EIN GANZ, GANZ HERZLICHES DANKESCHÖN AN HEIDI UND DEN HAUPT VERLAG,
BEI EUCH FÜHLT MAN SICH ALS AUTORIN RUNDUM BESTENS AUFGEHOBEN !

192

Gestaltung und Satz: Caroline Hosmann, D-Grünwald
Fotografie: Marjo Koivumäki, Finnland
Lektorat: Sabine Fels, D-Simmozheim

Printed in Germany

Bibliografische Information der
Deutschen Nationalbibliothek
Die Deutsche Nationalbibliothek verzeichnet diese
Publikation in der Deutschen Nationalbibliografie;
detaillierte bibliografische Daten sind im Internet
über http://dnb.d-nb.de abrufbar.

ISBN: 978-3-258-60062-8

Alle Rechte vorbehalten.
Copyright © 2013 Haupt Bern
Jede Art der Vervielfältigung ohne Genehmigung des
Verlages ist unzulässig.

Wünschen Sie regelmäßig Informationen über unsere
neuen Titel zum Gestalten? Möchten Sie uns zu einem
Buch ein Feedback geben? Haben Sie Anregungen für
unser Programm? Dann besuchen Sie uns im Internet auf
www.haupt.ch — dort finden Sie aktuelle Informationen
zu unseren Neuerscheinungen und können unseren
Newsletter abonnieren.

www.haupt.ch